ECOLOGIA, MUNDIALIZAÇÃO, ESPIRITUALIDADE

Leonardo Boff

ECOLOGIA, MUNDIALIZAÇÃO, ESPIRITUALIDADE

EDITORA RECORD
RIO DE JANEIRO • SÃO PAULO

2008

CIP-BRASIL. CATALOGAÇÃO-NA-FONTE
SINDICATO NACIONAL DOS EDITORES DE LIVROS, RJ

B661e

Boff, Leonardo, 1938-
Ecologia, mundialização, espiritualidade / Leonardo Boff. – Rio de Janeiro : Record, 2008.
ISBN 978-85-01-08050-9

1. Ecologia humana – Aspectos religiosos – Cristianismo. 2. Teologia da libertação. 3. Espiritualidade. I. Título.

07-3165. CDD 261.836
CDU 261:504.75

Caixa Postal 92144 – Itaipava, Petrópolis, RJ – Cep 25741-970
Assessoria Jurídica do autor: Cristiano Monteiro de Miranda
(cristianommiranda@terra.com.br)

Projeto gráfico de miolo: ô de casa
Capa: Adriana Monteiro de Miranda

Direitos exclusivos desta edição reservados pela
EDITORA RECORD LTDA.
Rua Argentina, 171 – Rio de Janeiro, RJ – 20921-380 – Tel.: 2585-2000

Impresso no Brasil

ISBN 978-85-01-08050-9
PEDIDOS PELO REEMBOLSO POSTAL
Caixa Postal 23.052 – Rio de Janeiro, RJ – 20922-970

Impresso no Brasil

2008

Para Pedro e Betto,
Márcia e Clotilde,
porque nas minhas tribulações
foram verdadeiramente
irmãos e irmãs.

SUMÁRIO

Capítulo II

RELIGIÃO, JUSTIÇA SOCIETÁRIA E REENCANTAMENTO DA CRIAÇÃO

Capítulo III

O QUE É UMA DEMOCRACIA ECOLÓGICO-SOCIAL

SEGUNDA PARTE

PROCESSO DE MUNDIALIZAÇÃO E TEOLOGIA DA LIBERTAÇÃO

Capítulo IV

MUNDIALIZAÇÃO E POBREZA

Capítulo V
IMPLOSÃO DO SOCIALISMO: DESAFIOS PARA A SOCIEDADE E PARA A IGREJA

Capítulo VI
CIÊNCIA, TECNOLOGIA, PODER E TEOLOGIA DA LIBERTAÇÃO

Capítulo VII
TEOLOGIA DA PEQUENA LIBERTAÇÃO

TERCEIRA PARTE

APROFUNDAR A ESPIRITUALIDADE, ALIMENTAR A MÍSTICA

Capítulo VIII
ALIMENTAR NOSSA MÍSTICA

Capítulo IX
ESPIRITUALIDADE E SEXUALIDADE: UMA PERSPECTIVA RADICAL

ABERTURA: A CRISE É CRIATIVA E O SOFRIMENTO FAZ PENSAR

Vivemos tempos críticos; por isso, criativos. Nos últimos cinco anos mudou a cartografia política e ideológica mundial. Estruturas ruíram e, com elas, muitos esquemas mentais. Ficaram os sonhos. Como pertencem à substância do ser humano, eles sempre ficam. Permitem novas visões e fornecem o entusiasmo necessário para o pensamento e a criatividade.

Junto com os sonhos convive também muito sofrimento. Muitos perderam a estrela-guia. Outros foram destruídos por dentro, incapazes de entender a ruína de tantas visões generosas. Vivem apenas porque não morrem. Mas dentro já lhes secaram as fontes da esperança. O sofrimento, mais que a admiração, faz pensar.

Os textos que aqui reunimos nasceram nos últimos dois anos, sob o impacto das convulsões históricas acontecidas e sofridas, que atingiram biograficamente também o autor. Ele trocou de caminho, não de rumo. Pulou para dentro de outra trincheira, mas não abandonou a luta.

Essas reflexões são fruto da crise, que sempre possui uma função acrisoladora. Como um crisol, ela libera o ouro das gangas. O cerne fica exposto. Com ele podemos construir. Ou ele se faz semente de um novo caminho.

Por isso, os textos vêm carregados de esperança. Ainda há provisões no farnel. A água da vasilha basta ainda para um bom caminho. Podemos seguir avante. O fogo interior arde e indica a direção certa. Então já não precisamos mais de voz. Sabemos cantar também em silêncio. É a mística.

Rio/Vale Encantado, 12 de outubro de 1992, dia da resistência e da libertação da afro-indo-latino-América.

INTRODUÇÃO: SERMÃO DA MONTANHA DO CORCOVADO

Naqueles dias, o Cristo do Corcovado, na cidade de São Sebastião do Rio de Janeiro, estremeceu e se reanimou. O que era cimento e pedra se fez carne e sangue. Estendeu os braços, querendo abraçar a cidade e o mundo, abriu a boca e disse:

"Sinto pena de vós, milhões e milhões de irmãs e irmãos, meus mais pequeninos, expulsos das terras, solitários, embrenhados nas selvas, amontoados nas periferias, caídos em tantos caminhos, sem nenhum samaritano para vos socorrer.

Bem-aventurados sois todos vós, pobres, famintos, doentes e desesperados. Importam pouco vossas virtudes ou vícios. Importa muito o fato de serdes oprimidos, vítimas de uma sociedade perversa.

Meu Pai que é doador de vida vos tem em seu coração. Ele vai inaugurar seu Reino de vida, justiça, ternura e liberdade começando por vós. Vossas blasfêmias não são para mim blasfêmias. São súplicas lancinantes. Vosso individualismo não é para mim egoísmo. É vontade ferrenha de sobreviver. Vossa paixão dolorosa tem mais estações que a minha. Vós atualizais e perpetuais minha Paixão redentora pelos séculos afora.

Ai de vós, donos do poder, que há mais de quinhentos anos sugais o sangue dos trabalhadores. Vós os reduzistes a combustível barato para vossas máquinas fabricarem riqueza injusta.

Até meu santo nome vós usastes para legitimar vossa ordem, que é desordem e não traz progresso para o povo.

Geração perversa, até quando provocais a paciência desses meus servos sofredores? O juízo exterminador de Deus, que se realiza ainda nesta história, pesa sobre vossas empresas.

Não serei eu nem será meu Pai que vos julgaremos, mas as vítimas que fizestes.

Olhai seus rostos! Guardai-lhes os traços! Eles serão vossos juízes.

Só há para vós um caminho de salvação, um único: solidarizar-vos com as lutas dos oprimidos que visam a pão, liberdade, ternura e beleza não só para si, mas também para vós e para todos! Assumam o projeto dos pobres, que é de transformação para haver mais vida e liberdade para todos.

Bendita pátria grande latino-americana! Como quero que sejais no meio de todos os povos, que são igualmente povos de Deus, a expressão de minha hospitalidade, minha jovialidade, minha alegria de ser, minha abertura sem cálculo e da graça humanitária de meu e vosso Pai celestial.

Olhai as matas e os cerrados, a gigantesca Cordilheira e o Amazonas imenso, os rios caudalosos e os vales profundos, os animais selvagens e os pássaros sem conta. Eles são todos vossos irmãos e irmãs. Domesticai vossa ganância. Como meu Pai o faz, cuidai vós também deles. Os seres todos do cosmos também herdarão o Reino. Serão transfigurados e existirão para sempre convosco, comigo e com o Espírito de vida no Reino do Pai.

Bem-aventurados sois vós, indígenas americanos, meus primeiros testemunhos nestas terras fecundas de Abia Ayala. Vossas cidades, vossas pirâmides, vossos longos caminhos, vossos rituais, o Sol e a Lua que venerastes são sinais do Deus verdadeiro, do Deus do longe e do perto, do Deus por quem tudo vive. Não faltará misericórdia pelas guerras que fizestes para garantir os sacrifícios humanos que oferecestes.

Ai dos que vos subjugaram, dos que destruíram vossas culturas, dos que engoliram vossas flores, dos que tentaram castrar o Sol, dos que derrubaram vossos altares, dos que confundiram vossos sábios, dos que impuseram suas doutrinas, de dia e de noite, com a violência da cruz e da espada.

Felizes daqueles dentre vós que acreditam na força secreta da semente. Eles terão o poder de ressuscitar o povo e reanimar as culturas para a alegria dos velhos e para o louvor no nome santo de Deus, de Viracocha e de Quetzalcóatl.

Bem-aventurados e mais uma vez bem-aventurados meus irmãos e irmãs negros, sempre injustamente escravizados. A humilhação histórica que sofrestes colocou-vos no coração do Pai celeste. Vós sois o Servo sofredor presente na história, liberto pelo sofrimento, redimido pelo sangue e salvo pela cruz. Vós mesmos não sabeis o bem imenso que trazeis a todos pela iniqüidade que suportastes, resistindo, sem perder a fé, cantando, dançando e sonhando com a Terra da Promissão. Até o último dia, tendes o direito de gritar por vosso direito, pelo reconhecimento, pela liberdade e pela vida plena.

Maldita seja a senzala. Maldito seja o pelourinho. Maldita mil vezes a chibata. Maldito para sempre o grilhão.

Bendito o quilombo, advento de um mundo de fraternidade e sororidade, sinal do Reino terrenal e celestial.

Bem-aventurados os que lutam pela terra no campo para nela trabalhar e fazer do chão a mesa posta para as fomes do mundo inteiro. Felizes os que lutam pela terra na cidade para poder morar com a dignidade dos filhos e filhas de Deus.

Maldito o latifúndio que rouba a terra que o Pai destinou a todos e que assassina meus irmãos e irmãs posseiros. Em verdade vos digo: ainda em vida sereis espoliados. Se não cuidardes, ficareis somente com a terra da campa, que será pesada sobre vosso cadáver.

Bem-aventuradas sois vós, mulheres do povo, que resistis contra toda subjugação e que lutais por uma sociedade nova na qual homens e mulheres juntos, com as diferenças, a reciprocidade, a complementaridade e a solidariedade, inaugurareis uma fraterna aliança.

Benditos sois vós, milhões de menores carentes e abandonados, meninos e meninas de rua, vítimas de uma sociedade de exclusão que o Pai abomina. Ele vos enxugará toda lágrima, vos apertará contra o peito e brincará eternamente convosco porque Seu filho Jesus também foi um dia criança, recebeu ameaça de morte e teve de fugir para o Egito.

Felizes os pastores, bispos, padres, religiosos e religiosas, coordenadores e coordenadoras de comunidades, que, humildemente, servem ao povo, no meio do povo e com o povo.

Ai daqueles que se chamam pastores, mas estão de costas para o povo, e pretendem falar em meu nome, usando o cajado contra as ovelhas, e não contra os lobos vorazes. Não os conheço, pois são maus pastores, e não testemunharei por eles quando aparecerem diante de meu Pai.

Bem-aventuradas as comunidades de base em que vós, pobres, unis fé e vida, em que celebrais o meu Nome, vos alegrais e fortaleceis as razões de viver e de lutar.

Felizes os movimentos que buscam a libertação de todos, a começar pelos oprimidos e marginalizados. Assumistes a mesma causa pela qual vivi, sofri, fui crucificado e ressuscitei: gestar um mundo novo, no qual a luz tem mais direito que as trevas e a vida vale mais que os bens materiais. Que ninguém vos calunie por não pertencerdes ao meu grupo e por não falardes de mim. Vós sois também meus discípulos e não estais longe do meu Reino.

Bem-aventurados os que buscam novos caminhos para a sobrevivência, novas formas de produzir, de distribuir comunitariamente, de consumir em partilha. Eu vos asseguro que caminharei convosco e achareis sempre novas formas de convivência.

Bem-aventurados os que esperam entre lágrimas a grande aurora da libertação, fruto da graça divina e da luta humana, porque seus olhos verão o sol da justiça raiar. Bem-aventurados os que guardam a boa vontade, alimentam o fogo interior e sabem acreditar no sonho de um mundo novo.

Felizes os que fizeram todo o possível e ainda ousaram realizar um pouco do impossível. Eles verão, em seus dias, realizadas as esperanças imprescindíveis para a vida. Em verdade, em verdade vos digo: sereis verdadeiramente felizes porque assim vos mostrais filhos e filhas da alegria e já estais no caminho do Reino que ajudais a construir, pois assim ele será meu e vosso para sempre."

Depois de dizer essas palavras de admoestação, consolo e promessa, o Cristo voltou a ser pedra, com os braços estendidos e o coração para fora. Todos devem saber que são alcançados por seus braços, para se sentirem livres e encerrados em seu coração, porque são ternamente amados. E assim foi ontem, é agora e será amanhã no sol e na chuva, no vento e na noite, pelos séculos dos séculos, amém.

PRIMEIRA PARTE

ECOLOGIA: UM NOVO PARADIGMA

Ecologia é relação, *inter-ação* e diálogo de todas as coisas existentes (viventes ou não) entre si e com tudo o que existe, real ou potencial. A ecologia não tem que ver apenas com a natureza (ecologia natural), mas principalmente com a sociedade e a cultura (ecologia humana, social etc.). Numa visão ecológica, tudo o que existe coexiste. Tudo o que coexiste preexiste. E tudo o que coexiste e preexiste subsiste por meio de uma teia infinita de relações onicompreensivas. Nada existe fora da relação. Tudo se relaciona com tudo em todos os pontos.

Ao reafirmar a interdependência entre todos os seres, a ecologia funcionaliza todas as hierarquias e nega o "direito" do mais forte. Todos os seres, por mais microscópicos que sejam, possuem sua relativa autonomia e contam com ela. Nada é supérfluo ou marginal. Tem futuro não simplesmente o maior e o mais forte, mas o que tiver mais capacidade de relação e disponibilidade de adaptação. Por não terem essa capacidade, os maiores seres da criação, os dinossauros, desapareceram da face da Terra. Cada ser constitui um elo de uma imensa cadeia cósmica. Numa perspectiva da fé, as coisas já existiam antes da grande explosão ou inflação, há cerca de 15 bilhões de anos; nós estávamos no coração de Deus. De lá viemos e para lá retornaremos.

A ecologia não é um luxo dos ricos nem uma preocupação apenas dos grupos ambientalistas ou dos Verdes com seus respectivos partidos. A questão ecológica remete a um novo nível da consciência mundial: a importância da Terra como um todo, o bem comum como bem das pessoas, das sociedades e do conjunto dos seres da natureza, o risco apocalíptico que pesa sobre tudo o que foi criado. O ser humano pode ser tanto anjo da guarda como satã da Terra. A Terra sangra, especialmente em seu ser mais singular, o oprimido, o marginalizado e o excluído, pois todos esses compõem as grandes maiorias do planeta. A partir deles devemos pensar o equilíbrio universal e a nova ordem ecológica mundial.

Capítulo I

ECOLOGIA: POLÍTICA, TEOLOGIA E MÍSTICA

O termo *ecologia* foi cunhado em 1866 pelo biólogo alemão Ernst Haeckel (1834-1919). Ele é composto de duas palavras gregas: *oikos*, que significa "casa"; e *logos*, que quer dizer "reflexão" ou "estudo". Assim, ecologia quer dizer o estudo que se faz acerca das condições e relações que formam o *habitat* (casa) do conjunto e de cada um dos seres da natureza. Na definição de Haeckel: "Ecologia é o estudo da interdependência e da interação entre os organismos vivos (animais e plantas) e o seu meio ambiente (seres inorgânicos)."

1. Ecologia: a ciência e a arte das relações

Atualmente o conceito se expandiu para além dos seres vivos. Ecologia representa a relação, a interação e o diálogo que todos os seres (vivos e não vivos) guardam entre si e com tudo o mais que existe. A natureza (o conjunto de todos os seres), desde as partículas elementares e as energias primordiais, até as formas mais complexas de vida, é dinâmica; ela constitui um tecido intricadíssimo com conexões por todos os lados. A ecologia não abarca apenas a natureza (ecologia natural), mas também a cultura e a sociedade (ecologia humana, social etc.). A partir daí surgiram subdeterminações da ecologia, como a ecologia das cidades, da saúde, da mente, entre outras. Importa, entretanto, entender que a ecologia quer enfatizar o enlace existente entre todos os seres naturais e culturais e sublinhar a rede de interdependências vigente entre tudo e tudo, constituindo a totalidade ecológica. Esta não representa uma estandardização e homogeneização imutável ou a soma de muitas partes ou detalhes; antes, ela forma uma unidade dinâmica feita de uma riquíssima diversidade.

Assim, a tese básica de uma visão ecológica da natureza reza: tudo se relaciona com tudo em todos os pontos. A lesma do caminho tem ligação com a galáxia mais distante; a flor, com a grande explosão de 15 bilhões de anos atrás; a descarga de dióxido de carbono de um ônibus velho, com a nossa Via Láctea; minha consciência, com as partículas elementares subatômicas.

Em nível humano, a ecologia exige uma atitude básica: a de relacionar tudo para os *lados*. Com isso se superam os saberes estanques e se evitam os "cientistas idiotas" que só sabem acerca de seu campo específico de saber (o médico, só de medicina; o economista, só de economia, e o padre, só de religião). É importante desenvolver uma compreensão interdisciplinar, o que exige também uma atitude de relacionar tudo para *trás*: ver as coisas em sua genealogia, pois elas conhecem uma longa história de bilhões de anos até chegar à forma atual. Com isso se evitam visões ingênuas, fixantes e fundamentalistas. Exige-se igualmente uma visão para a *frente*: todas as coisas, como tiveram passado, têm também futuro e direito ao futuro. Deve-se evitar o imediatismo e a fixação somente em nossa geração e desenvolver uma solidariedade para com as gerações que ainda não nasceram (solidariedade entre gerações) para que elas também possam conviver com uma natureza saudável. Por fim, como dito anteriormente, a ecologia exige uma visão de *totalidade*, que não resulta da soma das partes, mas da interdependência orgânica entre tudo e tudo. Com isso superamos o pensamento dominante, que é demasiadamente analítico e pouco sintético, pois parcamente articulado com outras formas de experimentar e de conhecer a realidade.

Essa atitude ecológica de base se chama *holismo*, ou *visão holística*. Holismo (do grego *holos*, que significa "totalidade", termo divulgado pelo filósofo sul-africano Jan Smuts, a partir de 1926) significa o esforço de surpreender o todo nas partes e as partes no todo. Dessa forma, deparamos sempre com uma síntese que ordena, organiza, regula e finaliza as partes num todo e cada todo num outro todo ainda maior. A ecologia holística, como veremos, constitui uma prática e uma teoria que inclui e relaciona todos os seres uns com os outros e com o meio ambiente, numa perspectiva do infinitamente *pequeno* das partículas elementares (*quarks*), do infinitamente *grande* dos espaços cósmicos, do infinitamente *complexo* do sistema da vida, do infinitamente *profundo* do coração humano e do infinitamente *misterioso* do oceano ilimitado de energia primordial do qual tudo promana (vácuo quântico, imagem de Deus).

Para uma visão ecológica, tudo o que existe coexiste. Tudo o que coexiste preexiste. E tudo o que coexiste e preexiste subsiste por meio de uma teia infindável de relações inclusivas. Tudo se acha em relação, e fora da relação nada existe. Ao reafirmar a interdependência de todos os seres, a ecologia funcionaliza todas as hierarquias e nega o "direito" dos mais fortes. Todos os seres possuem sua relativa autonomia, e contam com ela – nada é supérfluo ou marginal. Cada ser compõe um elo da imensa corrente cósmica que, na perspectiva da fé, sai de Deus e a Ele retorna.

Numa palavra, poderíamos definir a ecologia como a ciência e a arte das relações e dos seres relacionados. A casa-*habitat-oikos*, na verdade, é feita de seres vivos, matéria, energia, corpos e forças em permanente relação. Sob essa perspectiva, podemos já dizer que a ecologia possui um conteúdo eminentemente teológico. Consoante o modo cristão de nomear Deus, professamos que Ele é Trindade, a eterna relação dos divinos Três, a comunhão infinita do Pai, do Filho e do Espírito Santo (pericórese). Desse jogo divino de relações o Universo inteiro se deriva, feito à imagem e semelhança da Trindade. O cosmos se apresenta assim inter-relacionado porque resulta do inter-relacionamento trinitário.

Para Haeckel, um século atrás, a ecologia constituía um ramo da biologia. Portanto, representava apenas um interesse científico regional. Para nós, hoje, ela significa um interesse global, uma questão de vida e morte da humanidade e de todo o sistema planetário. É a questão das questões, quer dizer, aquela que relativiza todas as demais questões e funda a nova radicalidade e a real centralidade das preocupações humanas.

Todos os seres da Terra estão ameaçados, a começar pelos pobres e marginalizados. E dessa vez não haverá uma arca de Noé que salve alguns e deixe perder os outros. Ou todos nos salvamos, ou todos corremos o risco de nos perder. Devido à importância dessa questão, todas as práticas humanas e todos os saberes devem se redimensionar a partir da ecologia e dar sua contribuição específica na salvaguarda do criado. Para cumprir essa diligência não é suficiente colocar a partícula *eco* diante do nome de cada ciência – eco-economia, ecossociologia, ecopolítica, ecomedicina, ecopsicologia, ecoteologia etc. –, e continuar tudo funcionando como antes. Importa proceder a uma autocrítica severa: em que medida tal saber constitui fator de desequilíbrio ecológico, determinada política implica degradação do meio ambiente e certo modelo de desenvolvimento constitui um instrumento de pilhagem da natureza? Indo mais fundo, em que medida os próprios saberes devem elaborar-se já de acordo com uma perspectiva ecológica, de tal forma que signifiquem um poderoso fator de proteção, respeito e promoção da natureza? É essa reconversão que hoje se impõe a todos.

2. Uma resposta necessária a objeções comuns

A partir dessas considerações iniciais já podemos responder a algumas objeções que comumente são feitas à preocupação ecológica:

- "Ecologia é luxo dos ricos. É coisa do Hemisfério Norte. Depois de haverem depredado a própria natureza em seus países e saqueado os povos colonizados do mundo inteiro – e com isso se desenvolvido –, querem para eles um meio ambiente saudável e reservas ecológicas para a preservação das espécies em extinção." É verdade. Os países industrializados, quase todos situados no Hemisfério Norte, são responsáveis por 80% da poluição da Terra (só os EUA contribuem com 25%). Mas o problema hoje é global, e não mais regional. Foi entre os ricos que surgiu a consciência ecológica, pois eles sentiram os malefícios do tipo de sociedade e de desenvolvimento que projetaram. Mas nem por isso a questão deixa de ser verdadeira. As soluções que sugerem são, certamente, míopes (conservacionismo, ambientalismo) e não questionam o próprio modelo de sociedade, os paradigmas de desenvolvimento e de consumo (ecologia social, ecologia profunda, ecologia holística), principais causadores da crise ecológica mundial e, em especial, das doenças e da morte prematura dos pobres. Bem reconhecia Josué de Castro: "A pobreza é o nosso maior problema ambiental."

  Devemos assumir a questão suscitada na consciência dos ricos, dar-lhe outra versão e também outra solução, no interesse de todos os seres humanos e da natureza, a partir dos mais ameaçados dentre nós, humanos, e as outras criações. O equívoco dos ricos é tradicional, pelo fato de pensarem só em si mesmos e não manterem a perspectiva holística a englobar tudo e todos. Eles são apenas ambientalistas: quanto menos gente houver no ambiente, tanto melhor, pois os humanos poluem e destroem. Ou, então, são apenas conservacionistas: querem conservar em reservas as espécies vegetais e animais ameaçadas. Nessas reservas, vale o comportamento ecológico; fora, continua a selvageria do homem moderno rapinador. Daí se depreende tratar-se de uma visão coletivamente egoística e interesseira, que não merece o nome de ecológica, porque não inclui, em especial, o ser mais complexo e também mais responsável da criação: o ser humano.

- "Ecologia é coisa dos grupos ecológicos, é discurso de especialistas diplomados em botânica, florestas tropicais, oceanografia, biologia, genética etc., gente que não conhece da maneira devida as mazelas sociais." Efetivamente, a questão ecológica é global demais para ficar entregue somente a grupos especializados. Eles possuem méritos inegáveis; entretanto, não basta desenvolver uma veneração da natureza sem articulá-la com a agressão aos seres importantes dessa natureza, que são os humanos marginalizados e empobrecidos. Essa situação de injustiça social acarreta uma injustiça ecológica, e vice-versa. Mais uma vez, perdeu-se a visão originária da ecologia, que se relaciona não apenas com animais, plantas e a pureza da atmosfera, mas também com as relações solidárias e globais do ser humano e da natureza. A verdadeira concepção ecológica é sempre holística e supõe uma aliança de solidariedade para com a natureza.
- "Ecologia é coisa dos Verdes com os seus partidos verdes, muitas vezes românticos e alheios à luta de classes e ao projeto revolucionário dos oprimidos." Os Verdes tiveram o mérito de levar ao campo político as questões da degradação ambiental e das causas da má qualidade de vida do mundo industrial e urbano. Constituíram-se em partido para reforçar essas causas, ausentes nos outros partidos, mas de interesse de todos, e introduzir uma crítica ecológica à economia, à política e a um tipo de sociedade que se organiza com base na utilização irrestrita dos "recursos naturais". À medida que crescer a consciência ecológica e esta for assimilada culturalmente, o Partido Verde poderá desaparecer. Entretanto, seria errôneo pensar que a ecologia invalida outros

antagonismos sociais. Seria desastroso, em nome da ecologia, negar a luta operária e a validade da greve. A preocupação ecológica faz com que a luta operária não seja só por salários (interesses corporativos), mas também por mais qualidade de vida e de trabalho, por um outro tipo de sociedade e por um novo modelo de desenvolvimento que inclua, além do bem-estar social, o bem-estar da natureza (bem-estar coletivo).

A questão ecológica nos remete para um novo patamar da consciência mundial: a importância da Terra como um todo, o destino comum da natureza e do ser humano, a interdependência reinante entre todos, o risco apocalíptico que pesa sobre o criado. Os seres humanos podem ser homicidas e genocidas, como a história tem mostrado, e podem também ser biocidas, ecocidas e geocidas.

A nossa casa comum mostra uma profunda rachadura que a atravessa de cima a baixo. Ela pode ruir. Que tipo de conserto podemos aplicar a ela? Fechamos simplesmente as rachaduras com massa e cal e depois disfarçamos seus sinais com pintura? E se as razões estiveram no fundamento da casa, que se rompeu? Não será unicamente a partir de lá que deveremos trabalhar e, assim, salvar a casa com tudo o que estiver dentro dela? É nessa direção que queremos que a nossa reflexão siga.

3. O ser humano: satã da Terra?

Dos muitos informes sobre os desafios ambientais em escala planetária destaca-se o do Worldwatch Institute, dos Estados Unidos. Desde 1984 ele publica anualmente um minucioso trabalho – "Estado do mundo: informe do Worldwatch Institute sobre o progresso para uma sociedade sustentável".

As estimativas são espantosas. Entre 1500 e 1850 presumivelmente foi eliminada uma espécie a cada dez anos. Entre 1850 e 1950, uma espécie por ano. A partir de 1989, estudos revelavam o desparecimento de uma espécie por dia. No ano 2000 essa perda ocorria a cada hora. O processo de morte se acelera cada vez mais. Entre 1975 e 2000 desapareceram 20% de todas as espécies de vida.

A partir de 1950 perdeu-se a quinta parte da superfície cultivável e das florestas tropicais. A cada ano se perdem 25 milhões de toneladas de húmus devido a erosão, salinização e desertificação. Isso equivale a uma área correspondente aos países do Caribe (menos Cuba).

As florestas do mundo estão se acabando a um ritmo de 20 milhões de hectares por ano. Segundo estimativas do IBGE (1988), já foram desmatados 5% da floresta amazônica. Outras sofreram uma perda de 12%. Mas nada é mais despistador do que usar aqui as percentagens. Cerca de 1% da Amazônia equivale a 40 mil quilômetros quadrados, ou seja, 4 milhões de hectares. Em 1970 já estavam desmatados 5 milhões de hectares. De 1970 a 1988 – portanto, em 18 anos –, o desmatamento foi de 20 milhões de hectares. A superfície atingida corresponde a toda a área de soja, milho e trigo plantados no Brasil.

A América Latina representa 12% da superfície da Terra, e sozinha detém dois terços de todas as espécies vegetais do planeta. De insetos, são entre 5 e 10 milhões de espécies. Devido ao desmatamento, estimava-se que até o ano 2000 de 30 a 50 mil dessas espécies teriam desaparecido. E a maioria dos brasileiros está hoje em piores condições do que antes do começo do desmatamento, com a desvantagem de ainda ter perdido as florestas.

Os principais problemas globais atinentes ao meio ambiente são os seguintes: a chuva ácida, o aquecimento da atmosfera, a destruição da camada de ozônio, o desflorestamento/desertificação e a superpopulação.

A *chuva ácida* resulta do desenfreado processo de industrialização. O dióxido de enxofre emitido, em combinação com o óxido de nitrogênio e com as águas da chuva, transforma-se em partículas ácidas que se depositam na vegetação, nos rios e lagos, produzindo a contaminação dos alimentos e as enfermidades respiratórias nos seres vivos. Cerca de 650 milhões de pessoas estão expostas diariamente a taxas insalubres de dióxido de enxofre. Os peixes desaparecem em 13 mil quilômetros quadrados das águas da Noruega. Em 14 mil lagos da Suécia a vida aquática desapareceu. Cerca de 35% das florestas européias são danosamente afetadas pela chuva ácida.

O *efeito estufa* (chamado também de efeito Serra) resulta da queima de combustíveis fósseis (petróleo e carvão) que desprendem dióxido de carbono e outros gases. Esses gases associados ao desflorestamento (pela fotossíntese dos vegetais se absorve o dióxido de carbono) produzem uma espécie de estufa que origina o aquecimento da atmosfera. No século XIX a temperatura aumentou em 0,6ºC. Para os próximos cem anos espera-se um crescimento de 1,5°C a 5,5°C. Isso provocaria desastres descomunais devido às secas e ao degelo da calota polar. Basta o oceano crescer um metro para inundar 10% de Bangladesh, destituindo 8 milhões de habitantes de seus lares. Muitos animais e plantas não teriam como se adaptar e morreriam.

A *destruição da camada de ozônio* (estrato atmosférico a uma altura de 30 a 50 quilômetros da superfície da Terra) faria desaparecer a proteção da vida contra as radiações ultravioleta, provocadoras dos tumores da pele e do enfraquecimento do sistema de imunização. A emissão de compostos químicos industriais (chamados clorofluorcarbonetos, os CFCs), solventes de lavagem a seco, aerossóis e outros inseticidas provoca o buraco de ozônio. Calcula-se que, para cada ponto percentual de diminuição de ozônio, surgem só nos EUA 10 mil novos casos de câncer de pele.

Os maiores poluidores do planeta, na ordem de 80%, são os países ricos e industrializados. Os EUA lançaram 1,186 bilhão de toneladas de dióxido de carbono na atmosfera só em 1985; a ex-União Soviética lançou 985 milhões. E aqui surge um paradoxo e também uma hipocrisia: embora os países do Hemisfério Norte sejam os principais responsáveis pela crise ecológica que afeta a todos, são eles os primeiros a não assumir o compromisso mais importante pela correção de curso do processo de desenvolvimento, ao mesmo tempo que impõem aos outros do Hemisfério Sul as normas de como tratar a natureza. Isso se viu claramente na 11ª Conferência Internacional sobre Ecologia e Desenvolvimento, realizada sob os auspícios da ONU, em junho de 1992, no Rio de Janeiro. Ora, quem mais feriu a Terra deve também mais pensar-lhe as chagas.

A população mundial está crescendo de forma assustadora. Em 1950 éramos 2,5 bilhões; em 1975 já somávamos 4 bilhões; em 1989 chegamos a 5,2 bilhões, e no ano 2000 atingimos o índice de cerca de 6,4 bilhões de pessoas. A humanidade precisou de 10 mil gerações para chegar aos 2 bilhões de habitantes. Em seguida, apenas uma só geração para passar dos 2 bilhões para os 5,5 bilhões. Caso sigamos nesse ritmo, na próxima geração seremos 11 bilhões. O ecossistema Terra será capaz de suprir tantas vidas? A taxa de crescimento populacional no Terceiro Mundo é da ordem de 3 a 4% ao ano, e a alimentar é de apenas 1,3%. Dois terços da população mundial são pobres, e 60 milhões de pessoas morrem devido à fome e às doenças dela decorrentes, sendo 20 milhões crianças.

Por esses dados podemos avaliar as dimensões da crise global de nosso sistema planetário. A Gaia (nome que os gregos davam à Terra, entendida como um imenso ser vivo) está doente e ferida. O ser humano, especialmente a partir da Revolução Industrial, revelou-se um anjo exterminador, um verdadeiro satã da Terra. Mas ele pode tornar-se um anjo da guarda, pode ajudar a salvá-la, pois é sua pátria e mãe terrenal.

As viagens dos astronautas pelo espaço nos transmitiram a imagem da Terra vista de fora, qual nave que forma uma totalidade orgânica azulada, carregando um destino comum. Nessa *nave-Terra*, porém, um quinto da população viaja de primeira classe ou na classe econômica. Esses detêm as principais benesses. Sozinhos consomem 80% das reservas disponíveis para a viagem. Os restantes 80% dos passageiros viajam no compartimento de carga. Passam frio, fome e toda ordem de necessidades. São muitos os que perguntam por que têm de viajar no porão da nave. Outros, movidos pelas carências, excogitam rebeliões. O argumento não é difícil: ou nos salvamos todos num sistema de convivência solidário e participativo na nave-Terra – e para isso se impõem transformações fundamentais –, ou por meio da indignação e de levantes podemos fazer explodir a nave e, assim, nos precipitar todos no abismo. Pois é a consciência desse risco que está crescendo mais e mais no mundo.

Há um perigo global, e por isso se faz necessária uma salvação global. Para que ela seja possível faz-se mister uma revolução global e uma libertação integral. A ecologia quer ser a resposta a essa questão global, de vida e de morte. Como praticar um tipo de ecologia que preserve o criado natural e cultural de acordo com a justiça, a solidariedade e a paz?

4. Caminhos e práticas da ecologia

A urgência do desastre ecológico em nível planetário mobiliza cada vez mais as sociedades mundiais. Lentamente surge uma cultura ecológica, de comportamentos e práticas incorporados na visão do mundo e que têm como efeito mais suavidade e benevolência na relação para com a natureza, a qual forma conosco um todo orgânico. A natureza não está só fora mas também dentro de nós. Pertencemo-nos mutuamente. Qualquer agressão à Terra significa também uma agressão aos filhos e filhas da Terra. A mãe-Terra, a grande e boa Pachamama das culturas andinas, sofre nos seus rebentos e se alegra com a revolução cordial e benevolente que está em curso por todas as partes. Vejamos alguns caminhos de efetivação da preocupação ecológica.

4.1 O caminho da técnica: ecotecnologia

Parte-se do modelo atual de sociedade e do tipo de desenvolvimento imperante. Todas as sociedades modernas mundiais se estruturam ao redor do eixo da economia. Entretanto, a economia, na sua acepção moderna, perdeu seu sentido originário: a gestão da escassez dos bens necessários à vida e honestos para o bem-estar humano. A maioria das donas de casa do Terceiro Mundo faz a economia no verdadeiro sentido da palavra, pois administram racionalmente a escassez de salário. Mas não o fazem os "economistas institucionais", a serviço de uma outra compreensão de economia.

Para a modernidade, seja socialista, seja liberal-burguesa, a economia é a ciência do crescimento ilimitado ou, dito mais tecnicamente, da ilimitada expansão das forças produtivas. Ao fim de cada ano, o país deve mostrar que cresceu mais do que no ano anterior. Desse imperativo nasceu o mito do desenvolvimento ilimitado, que domina como um pesadelo todas as sociedades há, no mínimo, quinhentos anos.

Tanto maior será o desenvolvimento quanto mais minimizarmos os investimentos e maximizarmos os benefícios. A pressuposição comum é a de que nos movemos dentro de dois infinitos concretos: o infinito dos "recursos naturais" e o infinito do progresso em direção ao futuro. Ora, a constatação fria que se fez e que se faz a partir do relatório do Clube de Roma, (1972) sob o título *Os limites do crescimento*, e de todos os demais documentos posteriores (especialmente os anuais *O estado da Terra*), foi e é esta: os dois infinitos são ilusórios. Os "recursos naturais" são limitados e não renováveis, e o atual tipo de progresso não é universalizável, porque destruiria a Terra ou pararia várias nações. Se a China pretendesse dar às famílias chinesas os automóveis que as famílias norte-americanas possuem (ao menos dois por família, em média), ela simplesmente pararia — seja pelo excesso de carros nas ruas, seja pela escassez de petróleo.

O modelo do crescimento ilimitado vem habitado por um demônio: ele se constrói sobre a exploração das classes trabalhadoras, o subdesenvolvimento das nações dependentes e a depredação da natureza. O resultado final é o seguinte: o desenvolvimento econômico não produz simultaneamente desenvolvimento social. Ao contrário, ele é feito à custa do desenvolvimento social. O bem-estar atinge apenas uma elite de nações ou as elites de uma nação, e não envolve o bem-estar da natureza.

O que pretende uma ecotecnologia – ou a ecologia pelo caminho da técnica? Ela mantém inalterado o modelo de sociedade e seu paradigma correspondente de desenvolvimento, mas projeta técnicas e procedimentos que visam à preservação do meio ambiente e à minoração dos efeitos não desejados dos referidos modelos.

Destarte, surgiram instrumentos técnicos que filtram gases venenosos, minoram ruídos e despoluem rios e lagos.

Esse caminho deve ser aprofundado, pois a técnica que fez sangrar a natureza pode também ajudar a curá-la. Entretanto, isso ataca apenas as conseqüências e não atinge as causas. Significa amolar os dentes do lobo, mas deixando-lhe a ferocidade. Em outras palavras: pouco vale criarmos remédios, se deixarmos a causa produtora das doenças inatacada. Faltam ainda o questionamento básico sobre a sociedade que queremos e a decisão do tipo de desenvolvimento que seja ecologicamente sustentado.

4.2 O caminho da política: ecopolítica

A política está relacionada com o poder e a gestão do bem comum. Os seres humanos têm necessidades, interesses e desejos. O poder determina o acesso aos bens necessários, o atendimento dos interesses de classe e a satisfação dos desejos em permanente estado de redefinição. No limite, a estrutura do desejo é infinita. Ela encontra limites na solidariedade, que leva a renúncias pelo outro, também com direito a viver e a desfrutar a natureza. Vivemos e sofremos nos quadros de uma sociedade de classes que produz desigualdades e distribuição dissimétrica dos meios de poder e de vida.

A classe dominante não impõe limites aos seus desejos, impedindo que os outros satisfaçam até as próprias necessidades. A pobreza, bem como a riqueza, produz desequilíbrios ecológicos. Os pobres, por necessidade, depredam a curto prazo o que poderia ser e significar sua subsistência a longo prazo (desmatam, lançam dejetos em valas, caçam e pescam sem atenção ao equilíbrio etc.). Os ricos esbanjam recursos que farão falta aos pobres de hoje e às gerações de amanhã. Bem dizia Mahatma Gandhi: "A terra satisfaz as necessidades de todos, mas não a voracidade dos consumistas."

Na atual situação, os detentores de poder conduzem a política no sentido de garantir seus interesses e a satisfação de seus desejos. Os grupos empresariais elaboram seus planos de desenvolvimento segundo a ideologia da maximização dos benefícios. Sentem-se compelidos pela lógica desse sistema; caso contrário, são vencidos pela concorrência. O Estado, por sua vez, conduz sua política de desenvolvimento industrial, energético, agrícola, viário, urbano etc., consoante os mesmos critérios do sistema global. Tudo isso é levado, não raro, a preço da agressão ao ecossistema (poluição atmosférica, destruição da paisagem etc.).

Atendendo às pressões da nova consciência, procura-se encontrar nas políticas desenvolvimentistas um equilíbrio entre as vantagens do progresso e os custos ecológicos. Não se renuncia ao paradigma moderno do desenvolvimento ilimitado, querido por si mesmo – em que pesem suas contradições internas, suas assimetrias e oposições, suas divisões e antagonismos. Mas toma-se em conta o argumento ecológico.

Evidentemente, nas atuais ecopolíticas, não se trata de redefinir o desenvolvimento a partir da questão de base lançada pela consciência ecológica, mas sim, sempre, de projetar e implementar um desenvolvimento ecologicamente sustentado, que seja adequado ao ecossistema regional (como, por exemplo, o extrativismo de Chico Mendes, apropriado ao ecossistema amazônico). Fica-se ainda no conceito dominante, presente nos documentos oficiais, do *desenvolvimento sustentável*, definido pela Comissão Brundtland da ONU, em 1987, como "aquele que atende às necessidades do presente sem comprometer as possibilidades de as gerações futuras atenderem as suas próprias necessidades". O que definitivamente conta é o desenvolvimento, mesmo à custa da desordem ecológica. Quando surge um conflito entre desenvolvimento e ecologia, a decisão é, em geral, tomada a favor do desenvolvimento em detrimento da ecologia. Parece irreconciliável a avidez capitalista com a preservação da natureza.

É importante frisar o avanço da ecopolítica ante uma simples ecotecnologia. A consideração do fator ecológico tem ajudado a melhorar a qualidade da vida humana no transporte, na alimentação, na habitação etc. Criou-se a expressão "ecodesenvolvimento" para referência à incorporação cada vez mais acentuada do argumento ecológico à concepção do desenvolvimento. Considera-se que a natureza também participa da composição do capital, e não apenas os meios de produção e o trabalho. E mais ainda: há empresários que estão dispostos a pagar taxas para a reprodução da natureza, como pagam para a preservação da força de trabalho.

Não obstante tudo isso, não se considera a questão mais básica, que é de ordem social. Que tipo de sociedade queremos? Mais participativa, igualitária, solidária, capaz de combinar a fantasia com a razão analítica, a imaginação com a lógica, a técnica com a utopia; finalmente, uma sociedade mais integrada à natureza? Para as populações marginalizadas (nos países periféricos elas são maioria), qual o significado de dizer que os alimentos devem estar isentos de agrotóxicos, quando nem comida elas têm? De que vale postular ônibus movidos a gás natural não poluente, se nem de ônibus dispõem? É satisfatório oferecer leite enriquecido às crianças nas favelas, se, por outro lado, elas adoecem e morrem por falta de saneamento básico?

Falta uma política global, de matriz ecológica, de sorte que todos os fatores estejam integrados e não se introduzam, aqui e acolá, remendos, que beneficiem fundamentalmente apenas as elites.

Como dissemos, as políticas de desenvolvimento devem ser adequadas ao ecossistema regional. Os projetos faraônicos de Henry Ford na Amazônia, destinados à produção da borracha, em 1927; os de Daniel Ludwig, cinqüenta anos mais tarde, no Jari, voltados para a extração da celulose e da madeira, e os da Volkswagen, na década de 1970, redundaram num imenso fracasso devido à desconsideração cabal do aspecto ecológico. Mas isso custou 2 milhões de hectares de florestas, no caso do projeto Jari, e 144 mil hectares queimados, no caso da Volkswagen, para alimentar 46 mil cabeças de gado, sendo que, para cada cabeça, fantasticamente, estavam destinados 30 mil metros quadrados. A dimensão faraônica de tais projetos revela a irracionalidade do modelo de desenvolvimento e a necessidade de ele ser superado por uma visão mais holística, representada pela razão ecológica.

4.3 O caminho da sociedade: ecologia social

O que, na verdade, está hoje em crise não é apenas o modelo de desenvolvimento, mas principalmente o modelo de sociedade que impera no mundo. É no interior da sociedade que se elabora o projeto do desenvolvimento. A sociedade decide acerca do desenvolvimento que ela quer para si. O projeto em si não subsiste sozinho.

Todas as sociedades mundiais – em que pese a subsistência das que possuem uma relação mais benevolente para com a natureza e que por isso devem ser altamente valorizadas – são "energívoras", vale dizer, devoradoras de energias. A questão não é de hoje, ela possui milhares de anos de história que marcaram o mundo exterior e também a estrutura mental do ser humano. Começou já no Neolítico, quando surgiu a agricultura e se formaram as primeiras vilas e cidades (8 a 10 mil anos antes de nossa era). Lá começou o saque da natureza. Mas a partir do século XVI, com o advento da civilização industrial e comercial, constituiu-se um projeto de exploração sistemática da natureza a partir de posições de poder. À medida que cresce a dominação mediante a ciência e a técnica, cresce também a destruição maciça do meio ambiente.

Atualmente os danos são planetários, afetando o solo, o ar, as águas, o clima, a flora, a fauna e a qualidade global da vida humana. As 25 cidades com 8 a 12 milhões de habitantes formam verdadeiros purgatórios e até mesmo infernos ecológicos.

Como exposto anteriormente, o eixo estruturador da sociedade moderna é a economia, vista como o conjunto de poderes e instrumentos de criação de riqueza mediante a exploração da natureza e dos outros seres humanos. Para a economia do crescimento, a natureza é rebaixada a um simples conjunto de "recursos naturais" ou, então, à "matéria-prima" em disponibilidade para o interesse humano. Os trabalhadores são vistos como "recursos humanos" em função de uma meta de produção. A visão é instrumental e mecanicista: pessoas, animais, plantas, minerais, enfim, todos os seres perdem sua autonomia relativa e seu valor intrínseco. São reduzidos a meros meios para um fim estabelecido subjetivamente pelo ser humano, entendido como rei do Universo e centro de todos os interesses.

Nesse paradigma entre o ser humano e a natureza perdura uma guerra sem descanso. O equilíbrio entre desenvolvimento e ecologia significa, na verdade, apenas uma trégua. A lógica destruidora embutida no processo do desenvolvimento quantitativo não cessa, apenas ganha redefinições. A trégua é para a natureza se recuperar (o tempo da natureza é muito mais lento que o tempo rápido, rapidíssimo, da técnica) e, em seguida, ser novamente vítima da voracidade desenvolvimentista. O que se percebe é a seguinte lógica perversa: utiliza-se a força para conseguir um certo tipo de ordem social, que garanta a produção e a reprodução de bens e privilégios a um segmento da sociedade. Os demais participam, mas de forma subalterna, sem poder co-definir o sentido da vida social. Com a mesma força agride-se a natureza para ela entregar seus bens, apropriados de forma desigual. Trata-se de uma mesma lógica de dominação sobre as pessoas e a natureza. Com acerto dizia Clive S. Lewis: "O que nós chamamos de poder do ser humano sobre a natureza vem a ser, na verdade, o poder exercido por alguns homens/mulheres sobre outros homens/mulheres, utilizando a natureza como seu instrumento." A injustiça social leva à injustiça ecológica, e vice-versa.

Esse modelo social se apresenta profundamente dualista. Divide pessoa/natureza, homem/mulher, masculino/feminino, Deus/mundo, corpo/espírito, sexo/ternura. E essa divisão sempre beneficia um dos pólos, originando no outro hierarquias e subordinações. No nosso caso, trata-se de uma sociedade de estrutura patriarcal e machista. O próprio monoteísmo (um só Deus) é interpretado em termos monárquicos, e não trinitários e comuniais.

Ora, essa visão é fragmentada, míope, e também falsa. Ela não percebe as diferenças em uma grande unidade, nem a interdependência que vigora entre a sociedade e o meio ambiente. O ser humano provém de um longo processo cósmico e biológico; sem os elementos da natureza – as bactérias, os vírus, os microorganismos, o código genético, os elementos químicos primordiais –, ele não existe. Continuamente está em diálogo com o meio.

Dentro de um encadeamento ecológico, podemos descrever assim o ser humano, homem/mulher: é um animal da classe dos mamíferos, da ordem dos primatas, da família dos homínidas, do gênero *Homo*, da espécie *sapiens*, com um corpo de trinta bilhões de células, procriado e controlado por um sistema genético que se constituiu no curso de uma evolução natural longa, de 4,5 bilhões de anos, e cuja psique, com igual ancestralidade do corpo, capaz de formar visões globais e constituir unidades indivisíveis a partir da vibração uníssona de cerca de 10 milhões dos 10 bilhões de neurônios que existem, permite sempre criar e recriar simbolicamente o Universo e projetar um sentido derradeiro e oniglobalizante. Do mundo natural passou ao mundo pessoal, e do pessoal ao mundo social e cultural. Em todas essas fases o ser humano sempre esteve em interação com a natureza, de forma que a ecologia social deve ser sempre articulada com a ecologia natural.

A partir dessa leitura fica claro que o ser humano individual e social é parte da natureza; ele pertence à natureza, bem como a natureza lhe pertence como objeto de cuidado e trabalho. Conforme veremos logo a seguir, o homem possui sua diferença específica, na medida em que somente ele é um ser ético, capaz tanto de cuidar da natureza e potenciar sua dinâmica interna de ascensão, como de feri-la e de destruí-la até.

Tarefa da ecologia social é estudar os sistemas sociais em interação com os ecossistemas. A forma como se organiza uma sociedade integra e protege, ou fere e destrói a natureza? Como os seres humanos satisfazem suas necessidades: de forma solidária, sem produzir tensões e exclusões, respeitando os ciclos naturais e os tempos ecológicos? Como se trata a terra: como mercadoria e "recurso natural" a ser explorado, ou como realidade a ser respeitada tal qual como parte de nosso corpo, trabalhando com ela e nunca contra ela?

A gravidade da crise moderna está em seu caráter estrutural e intrínseco. O *deficit* da terra não é fortuito e passageiro; ele resulta de uma máquina de assalto, agressão, pilhagem e matança acelerada da natureza em benefício da geração presente. Existe uma violência socioeconômica e política direta sobre povos, nações e classes; as conseqüências são relações quebradas, fome, doenças e morte. Isso já é um crime ecológico contra os seres mais complexos da natureza. Prossegue a violência sobre a natureza; produz-se contaminação da biosfera e degradam-se ecossistemas, o que afeta indiretamente o ser humano por este estar vinculado a todas essas realidades. Nosso modelo de sociedade atualmente dominante produz um pecado social (ruptura nas relações sociais) bem como um pecado ecológico (ruptura das relações do ser humano com o seu meio ambiente). Esse modelo não somente explora as classes e os ecossistemas presentes, mas também as classes e os ecossistemas futuros. Somos todos responsáveis pelos mecanismos que provocam ameaça de doenças e morte à vida natural e à vida social – numa palavra, pelo sistema da vida planetária.

Para obviar a tendência que nos pode encaminhar para o apocalipse ecológico, precisamos com urgência introduzir processos que levem à elaboração de alternativas ao modelo social vigente até superá-lo historicamente. Impõem-se revoluções moleculares, isto é, revoluções a ser inauguradas pelos atores sociais que, como as moléculas, se organizam em grupos, comunidades, articulações de reflexão e de ação e outros movimentos sociais que já ousam viver o novo, integrado e não fragmentado, em seus espaços vitais. Sem a coragem para os primeiros passos, nunca se constrói o caminho nem se abre a possibilidade da grande transformação.

O novo modelo de sociedade deve refazer o tecido social a partir das múltiplas potencialidades do ser humano e da própria sociedade. Ao lado do trabalho deve estar o lazer; junto à eficácia, a gratuidade; a acolitar a produtividade deve vir a dimensão lúdica. A imaginação, a fantasia, a utopia, o sonho, a emoção, o símbolo, a poesia e a religião devem ser tão valorizados quanto a produção, a organização, a funcionalidade e a racionalidade. Masculino e feminino, Deus e mundo, corpo e psique, devem ser integrados no horizonte de uma imensa comunidade cósmica.

Somente assim a sociedade será plenamente humana. O ser humano necessita tanto de pão quanto de beleza. Ele deve realizar todo o possível e ainda um pouco do impossível, pois é chamado sempre a ultrapassar os limites e a transgredir as barreiras impostas. "Se não tentarmos o impossível, seremos condenados a afrontar o inconcebível", diziam os estudantes europeus em 1968.

Contra uma economia do crescimento ilimitado, orientada pela acumulação, devemos chegar a uma economia do suficiente, centrada na vida das pessoas e da natureza; na participação de todos na produção dos meios da vida; na solidariedade para com as pessoas ou os seres da criação que têm menos vida ou que sofrem de patologias ou com as condições onerosas de subsistência, e na ternura e veneração para com toda a criação. A tecnologia deve ser socialmente apropriada, vale dizer, deve produzir bens para todos e não apenas para minorias, e ao mesmo tempo deve propiciar formas de participação e de controle que escapem da alienação. Simultaneamente, ela deve ser ecologicamente apropriada no sentido de não destruir o ecossistema regional e garantir o seu futuro por amor às gerações que ainda virão.

Eis algumas questões importantes para uma ecologia social. De que educação necessitamos (ecologia mental) para refazer uma aliança de simpatia, reencantamento e veneração com a natureza? Como organizar o regime de trabalho para que ele seja criativo e também gozoso? Como serão nossas cidades à escala humana para favorecerem as virtudes sociais e reforçarem os laços da convivência e da comunhão? Que tipo de poesia ajuda a redescobrir o mistério do mundo e a tornar sensíveis as pessoas para os entrelaçamentos de todos os seres? Que tipo de ciência devemos desenvolver, que nos permitirá um diálogo fecundo com o mundo, sem criar desequilíbrios? Que tecnologia pode libertar a todos do cativeiro de velhas opressões históricas (doenças, distâncias, perigos da própria natureza) e, ao mesmo tempo, alimentar-nos espiritualmente, reequilibrar os ecossistemas de toda uma região e criar as condições para uma sociedade cujo eixo seja a vida e sua alegria, a humanidade concreta com suas buscas, acertos e descaminhos e a capacidade de sempre aprender com tudo e, por fim, de transcender na direção do sonho maior do coração: uma absoluta integração pessoal, cósmica e divina?

4.4 O caminho da ética: ética ecológica

O caminho da sociedade nos leva ao umbral da ética. Esta é muito mais que a moral. A moral está relacionada com os costumes (*mores* = costumes = moral, como ciência dos costumes). Os costumes estão sempre circunscritos a hábitos, valores e opções dentro de determinada cultura e dos grupos que se formam em seu interior – cada qual com interesses específicos, conflitos e privilégios históricos próprios. A ética vai além da moral. Por ela expressamos o comportamento justo e a maneira correta de o ser humano se relacionar, consoante com a dinâmica própria e intrínseca à natureza de cada coisa. O decisivo na ética não é o que queremos que seja ou o que conseguimos impor pelo poder (por aí se criam as várias morais), mas o que a realidade diz e exige de cada um que se coloca em sua escuta e em sintonia com ela.

A ética da sociedade hoje dominante é utilitarista e antropocêntrica. O ser humano estima que tudo é ordenado a ele. Considera-se senhor e patrão da natureza, que existe para satisfazer às suas necessidades e realizar seus desejos. Como observado anteriormente, tal postura de base leva à violência e à dominação dos outros e da natureza. Nega a subjetividade de outros povos, a justiça às classes e o valor intrínseco dos demais seres da natureza. Não percebe que os direitos não se aplicam apenas ao ser humano, aos povos, mas também aos demais seres da criação. Há um direito humano e social, como há um direito ecológico e cósmico. Não temos o direito de destruir o que nós não criamos.

A nova ordem ética deve encontrar outra centralidade. Deve ser ecocêntrica, visar ao equilíbrio da comunidade terrestre. Um tarefa fundamental consiste em refazer a aliança destruída entre o ser humano e a natureza e a aliança entre as pessoas e povos, para que sejam aliados uns dos outros em fraternidade, justiça e solidariedade. O fruto disso é a paz. E a paz significa a harmonia do movimento e o pleno desabrochar da vida.

Para uma ética ecológica são importantes certas tradições culturais. O budismo e o hinduísmo, no Oriente, e São Francisco de Assis, Schopenhauer, Albert Schweitzer e Chico Mendes, no Ocidente, desenvolveram uma ética da compaixão universal. Ela intenciona a harmonia, o respeito e a veneração entre todos os seres, e não a vantagem do ser humano. Tudo o que existe merece existir e coexistir pacificamente. O princípio norteador dessa ética é: "Bom é tudo o que conserva e promove todos os seres, em especial os vivos e, dentre os vivos, os mais fracos; mau é tudo o que prejudica, diminui e faz desaparecer os seres." Ética significa a "ilimitada responsabilidade por tudo o que existe e vive".

O bem supremo reside na integridade da comunidade terrestre e cósmica. Integridade que não se resume ao bem comum humano. Ela inclui o bem da natureza. E como a natureza está envolvida numa teia universal de relações (energias universais da micro e da macrorrealidade), o bem comum será também cósmico. Não estamos apenas diante de uma só Terra. Mas de um só cosmos, com todos os seus corpos, partículas e energias, constituindo uma única comunidade interdependente.

É nesse nível da ética que se revela a singularidade desse ser da natureza que é o homem. Só ele na criação se constitui num ser ético. Isso significa: só o ser humano se faz responsável, só ele dá uma "res-posta" (de onde vem responsabilidade) à "pro-posta" da criação, pois ser humano e criação se encontram frente a frente. Esse cara a cara pode traduzir-se em acolhida ou rejeição. Pode surgir uma aliança e podem se fazer aliados de um projeto comunitário de subsistência e vida. Só o ser humano pode pesar os prós e os contras, entender a posição do outro, assumir o lugar dele e entender os seus legítimos interesses; só ele pode sacrificar-se por amor ao outro; só ele pode inclinar-se como o samaritano sobre o mais fraco, defendê-lo, oferecer-lhe o ombro, mesmo que isso possa significar renúncia e até prejuízo pessoal. Mas também só ele pode dizimar, destruir e pôr em perigo todo o sistema planetário. Como ser ético ele se faz sujeito da história; é capaz de realizar-se ou frustrar-se; só ele pode ser trágico ou feliz. E, com ele, carregar o destino do sistema Terra.

O ser humano vive eticamente quando renuncia a estar acima dos outros para estar com os outros; quando se faz capaz de entender as exigências do equilíbrio ecológico, dos seres humanos com a natureza e dos seres humanos com os outros seres humanos, e quando, em nome do equilíbrio, impõe limites a seus próprios desejos. Ele não é apenas um ser de desejos. Somente o desejo o torna egoísta ou mimético. Ele é muito mais, pois é também um ser de solidariedade e comunhão. Quando assume a função/vocação de administrador responsável, de anjo da guarda e zelador da criação, ele, então, vive a dimensão ética inscrita em seu ser.

Como se depreende disso, pelo caminho de uma ética ecológica fundada no respeito à alteridade, na acolhida das diferenças, na solidariedade e na potenciação da singularidade, deixa-se para trás o paradigma utilitário dominante que tantas ameaças traz à vida e à paz entre os seres da natureza. Esse caminho nos conduz a uma etapa superior da reflexão e do compromisso.

4.5 O caminho da mente: ecologia mental

A atual situação do mundo (poluição do ar, contaminação do solo, pobreza de dois terços da humanidade etc.) revela o estado da psique humana. Estamos doentes por dentro. Assim como existe uma ecologia exterior (ecossistemas em equilíbrio ou desequilíbrio), existe também uma ecologia interior. O Universo não está apenas fora de nós, com sua autonomia – ele está também dentro de nós. As violências e agressões ao meio ambiente lançam raízes fundas em estruturas mentais que possuem sua genealogia e ancestralidade dentro de nós.

Tudo está em nós como imagens, símbolos e valores. O Sol, a água, o caminho, as plantas e os animais vivem em nós como figuras carregadas de emoção e como arquétipos. As experiências benfazejas, as traumáticas e as inspiradoras que a psique humana vivenciou em sua longa história, em contato com a natureza e também com o próprio corpo, com as mais diversas paixões, com os outros, na condição de masculino e feminino, de pai e mãe, de avós, de tios e de irmãos e irmãs, deixaram marcas no inconsciente coletivo e na percepção de cada pessoa. Há uma verdadeira arqueologia interior a partir da qual os psicanalistas do profundo organizaram todo um código de decifração e leitura. Sabemos que o processo de individuação se faz em diálogo com as figuras do pai, da mãe, dos familiares, da casa, do meio ambiente, dos seres e objetos carregados de significação – a qual pode ser positiva ou negativa.

Certamente, em seu afã de sobrevivência, numa fase ancestral perigosa e de confronto com a natureza, o ser humano teve que desenvolver seu instinto de agressividade, assim como, em situações mais amenas, pôde dar curso às suas potencialidades de convivência e apoio mútuo. Tais matrizes comportamentais deixam vincos no universo interior do ser humano e nas reações coletivas de um povo. Outras vezes, é o processo de personalização individual que deixa resquícios em comportamentos atuais. Assim, por exemplo, na experiência de cada um existe o "seu mundo", o corpo, a família, a casa, o espaço da subjetividade. Esse âmbito é mantido cuidado e limpo. Para além dele, existe o vazio, a realidade amorfa e o indeterminado em que é possível descarregar dejetos e descuidar de sua preservação, pois tem-se a impressão de que tais espaços não existem ou de que ninguém nos vê. Em razão disso, entendem-se os hábitos culturais de lançar o lixo em lugares ermos, nos lagos e mares, locais aparentemente sem dono.

Para a psicologia infantil, o que não se vê não existe. No adulto, pode permanecer como resquício a idéia de que um objeto não mais visível já não existe. Por isso, lança ao fundo do mar ou soterra rejeitos tóxicos ou nucleares com a sensação ilusória de realmente tê-los eliminado.

O sistema hoje imperante – o do capital –, bem como seu concorrente histórico (hoje em decomposição em vastas partes do mundo) – o socialismo – elaborou métodos próprios de construção coletiva da subjetividade humana. Na verdade, os sistemas, também os religiosos e os ideológicos, somente se mantêm porque conseguem penetrar na mente das pessoas e construí-las por dentro. O sistema do capital e do mercado conseguiu penetrar em todos os poros da subjetividade pessoal e coletiva, conseguiu determinar o modo de viver, de elaborar as emoções, de relacionar-se com os outros próximos, com os distantes, com o amor e a amizade, com a vida e com a morte. Assim divulga-se subjetivamente o sentimento de que a vida não tem sentido se não vier dotada de símbolos de posse e de *status*, como um bom consumo de bens, a posse de certos aparelhos eletrônicos, carros, certos objetos de arte e moradia em certos locais de prestígio.

Os vários sistemas fabricam socialmente o indivíduo adequado a eles, possuidor das virtudes que os reforçam, assim como contêm as forças que poderiam colocá-los em crise ou permitir a elaboração de uma alternativa para eles. H. Marcuse falava acertadamente da fabricação moderna do homem unidimensional. Em vez de reprimir os impulsos naturais do ser humano, o sistema incentiva alguns, realizando-os de forma intencionalmente empobrecida e reduzida, e recalca outros. Assim, a sexualidade é projetada como mera descarga de tensão emocional mediante o intercâmbio dos órgãos genitais. Oculta-se seu verdadeiro caráter, cujo lugar não é só a cama, mas toda a existência humana como potencialidade de ternura, de encontro e de erotização da relação homem/mulher.

Outras vezes, satisfazem-se as necessidades humanas ligadas ao ter e ao subsistir, e enfatizam-se o instinto de posse, a acumulação de bens materiais e o trabalho, mas somente como produção de riqueza. Na era tecnológica verifica-se na psique a invasão de objetos inanimados, sem nenhuma referência humana — os artefatos criam solidão; os dados da informática e do computador vêm destituídos de tonalidade afetiva. Gera-se o individualismo, com personalidades áridas, emotivamente fragmentadas, hostis e anti-sociais. Os outros são vividos como estranhos e como empecilhos à satisfação dos desejos individuais. Oculta-se a outra necessidade fundamental do ser humano, que é a necessidade de ser, de elaborar a sua identidade singular. Aqui não cabem a manipulação e a fabricação coletiva da subjetividade, como tão bem o sublinhou Félix Guattari, mas a liberdade, a criatividade, a ousadia, o risco de trilhar caminhos difíceis, porém mais pessoais. Ora, tal dimensão é subversiva dos sistemas de regulação social, moral e religiosa. Mas é a partir deles que o ser humano pode enfrentar o mundo do ter, sem se entregar à sua obsessão e ser vítima de seu fetichismo. Bem dizia um indígena americano: "Quando a última árvore for abatida, quando o último rio for envenenado, quando o último peixe for capturado, somente então nos daremos conta de que não se pode comer dinheiro."

A ecologia da mente procura recuperar o núcleo valorativo-emocional do ser humano ante a natureza. Procura desenvolver a capacidade de convivência, de escuta da mensagem que todos os seres lançam por sua presença, por sua relação no todo ambiental, a potencialidade de encantamento com o Universo em sua complexidade, majestade e grandeza. Ela procura reforçar as energias psíquicas positivas do ser humano para poder enfrentar com sucesso o peso da existência e as contradições de nossa cultura dualista, machista e consumista. Ela favorece o desenvolvimento da dimensão mágica e xamânica de nossa psique. O xamã que habita em cada um de nós entra em sintonia não apenas com as forças da razão, mas também com as forças do Universo que se fazem presentes em nós mediante os nossos impulsos, visões, intuições, sonhos e criatividade. Cada ser humano é, por natureza, criativo. Mesmo quando imita ou copia os outros, o faz a partir de suas matrizes, conferindo-lhe sempre uma nota de sua subjetividade irrepetível. Dessa maneira, o ser humano se abre ao dinamismo cósmico originário, que tudo leva avante, diversifica, complexifica e faz culminar em patamares mais altos de realidade e vida.

Sem uma revolução na mente será impossível uma revolução na relação pessoa/natureza. A nova aliança encontra suas raízes na profundidade humana. É lá que se elaboram as grandes motivações, a magia secreta que transforma o olhar sobre cada realidade, transfigurando-a naquilo que ela é, um elo na imensa comunidade cósmica.

4.6 O caminho do coração: mística cósmica

A ética degenera em código de preceitos e hábitos de comportamento e a ecologia da mente corre o risco de perder-se em seu fascinante mundo simbólico interior se ambas não forem expressão de uma espiritualidade ou de uma mística. Quando falamos em mística, pensamos numa experiência de base onienglobante mediante a qual se capta a totalidade das coisas, exatamente como uma totalidade orgânica, carregada de significação e de valor. A mística está ligada à espiritualidade. Espírito, de que deriva a palavra espiritualidade, é, em seu sentido originário, todo ser que respira. Portanto, é todo ser que vive, como o ser humano, o animal e a planta. Mas não só. A Terra toda e o Universo são vivenciados como portadores de espírito, porque deles vem a vida, e são eles que fornecem todos os elementos para a vida e mantêm todo o movimento criador.

Espiritualidade é aquela atitude que coloca a vida no centro, que defende e promove a vida, contra todos os mecanismos de morte, diminuição ou estancamento. O oposto ao espírito, nesse sentido, não é o corpo, mas a morte e tudo o que estiver ligado ao sistema da morte, tomada em seu sentido amplo, de morte biológica, morte social e morte existencial (fracasso, humilhação, opressão). Alimentar a espiritualidade significa cultivar esse espaço interior, a partir do qual todas as coisas se ligam e religam; significa superar os compartimentos estanques e vivenciar as realidades; para além de sua facticidade opaca e por vezes brutal, como valores, inspirações, símbolos de significações mais altas. O homem/mulher espiritual é aquele que pode perceber sempre o outro lado da realidade, capaz de captar a profundidade que se vela e a referência de tudo à Última Realidade, que as religiões chamam de Deus.

Tanto a mística como a espiritualidade partem de outra plataforma – não do poder, nem da acumulação, nem do interesse, nem da razão instrumental: arrancam do coração, da razão sacramental e simbólica, da gratuidade do mundo, da relação, da comoção profunda, do sentido de comunhão que todas as coisas guardam entre si, da percepção do grande organismo cósmico, perpassado de acenos e sinais de uma realidade mais alta e mais plena.

Hoje, os modernos somente chegam a esse patamar mediante uma crítica severa ao paradigma de modernidade, como o expusemos de maneira sucinta anteriormente. Precisamos ultrapassá-lo e incorporá-lo numa totalidade maior. A crise ecológica revela a crise do sentido fundamental do nosso sistema de vida, do nosso modelo de sociedade e do desenvolvimento.

Não podemos mais apoiar-nos no poder como dominação e na voracidade irresponsável da natureza e das pessoas. Não podemos mais pretender estar acima e sobre as coisas do Universo, mas junto e a favor delas. O desenvolvimento deve ser com a natureza e não contra ela. O que deve ser mundializado atualmente é menos o capital, o mercado, a ciência e a técnica. O que deve, fundamentalmente, ser mais mundializado é a solidariedade para com todos os seres, a partir dos mais afetados; a valorização ardente da vida em todas as suas formas; a participação como resposta ao chamado de cada ser humano e à dinâmica mesma do Universo; a veneração para com a natureza da qual somos parte – e parte responsável. A partir dessa densidade de ser, podemos e devemos assimilar as ciências e as técnicas como forma de garantirmos o ter, de mantermos ou refazermos os equilíbrios ecológicos e de satisfazermos eqüitativamente nossas necessidades, de modo suficiente, e não esbanjador e perdulário.

Os mestres do moderno *éthos* de relação pessoa/natureza nos desviaram do reto caminho. René Descartes ensinava em sua teoria da ciência (*Discurso do método*) que a vocação do ser humano reside em sermos "mestres e possuidores da natureza". Outro mestre fundador, Francis Bacon, expressou sinistramente o sentido do saber: "Saber é poder." Poder sobre a natureza, completava ele, significa "amarrá-la ao serviço humano e fazê-la nossa escrava".

Precisamos revisitar outros mestres que fundaram outra tradição espiritual mais integradora e que inauguraram uma nova suavidade para com a natureza, a exemplo de São Francisco de Assis, Teilhard de Chardin e de toda a grande tradição agostiniana-bonaventuriana-pascaliana e existencialista. Para todos eles, conhecer nunca era um ato de apropriação e domínio das coisas, mas uma forma de amá-las e de comungar com elas; valorizaram a emoção como caminho para o mundo e a forma de experiência da divindade. Bem escreveu Blaise Pascal: "Eis o que é a fé: Deus sensível ao coração e não à razão."

Hoje, a preocupação ecológica e, em especial, a cosmologia contemporânea (visão do mundo) se avizinham a essa espiritualidade de integração. Impõe-se uma revolução espiritual como exigência da sensibilidade atual e da gravidade dos problemas que vivemos.

Vejamos algumas contribuições das ciências, que reforçam a necessidade de uma revolução reverente.

Segundo a física quântica e a teoria da relatividade, matéria e energia são intermutáveis e eqüipolentes. A rigor, a física atômica não conhece mais o conceito "matéria". O átomo comporta dentro de si um enorme espaço vazio. E as partículas elementares não são outra coisa que não energia em altíssimo grau de concentração e estabilidade. Matéria só existe tendencialmente. A fórmula de Einstein significa fundamentalmente que matéria e energia são dois aspectos de uma mesma realidade.

As partículas subatômicas ora se apresentam como ondas eletromagnéticas, ora como partículas, dependendo do observador. Esses aspectos limitam o campo de validade da lógica linear e do princípio de não-contradição. O fator A tanto pode ser A como pode ser não-A. Niels Bohr apresentou o princípio da complementaridade, bem ao estilo do pensamento chinês segundo o qual a realidade se organiza em Yin-Yang (matéria/espírito, feminino/masculino, negativo/positivo etc.).

Werner Heisenberg formulou o princípio de indeterminabilidade, de acordo com o qual as partículas atômicas não obedecem à lógica causal mas se organizam segundo o princípio da indeterminação das probabilidades. As probabilidades deixam de sê-lo e transformam-se em realidades mediante a presença do observador, que tanto pode ser um humano como qualquer outro elemento da natureza que estabeleça uma relação. Por serem probabilidades abertas a se concretizar ou não, não podem ser descritas. "O ato de observação por si mesmo muda a função de probabilidade de maneira descontínua; ele seleciona, entre todos os eventos possíveis, o evento que realmente ocorreu. Portanto, a transição entre o possível e o real ocorreu durante o ato de observação", diz Heisenberg.

Isso significa reconhecer que o sujeito observante influencia o fenômeno observado. Mais ainda. O observador, consoante a física quântica, é imprescindível tanto para a constituição quanto para a observação das características de um fenômeno atômico. O sujeito pertence ao real. Descrevendo o real, estamos nos autodescrevendo. O ser humano é parte constituinte do todo e sua consciência define constantemente o campo real que observamos.

A nova física estabelece o conceito de mundo como um todo unificado e inseparável. O Universo consiste em uma complexíssima rede de relações em todas as direções e de todas as formas. Por isso, as leis da física possuem caráter meramente estatístico. E a causalidade não é linear. A realidade A influencia B, que, por sua vez, retroinfluencia A, e também C, e sucessivamente para a frente e para trás.

Em tal visão, tudo é dinâmico, tudo vibra, tudo está em processo. Mais que dançantes, existe a permanente dança de energias e elementos.

Segundo a teoria holográfica (espécie de reconstrução e fotografia das ondas, possibilitada pelo raio *laser*, produzindo o assim chamado holograma), as partes estão no todo, e o todo, em cada uma das partes. O prêmio Nobel em física, David Bohm, a partir disso propõe a imagem da ordem universal como uma ordem enovelada. Tudo implica tudo, nada existe fora da relação, a relação constitui todas as realidades. O que existe é o *holomovimento*, um movimento articulado em todas as direções e que interconecta todas as partes. Cada um de nós está também envolvido com cada parte e com o todo do Universo. Somos, de fato, um único universo no qual tudo tem relação com tudo.

A física abre para nós novas perspectivas do mundo material. A biologia contemporânea nos brinda com novas perspectivas sobre a vida. A combinação entre física quântica e biologia enriqueceu nossa compreensão acerca do caráter de sistema dos organismos vivos e do próprio cosmos. Ajuda-nos também a captar melhor a natureza como um todo orgânico. Acenemos apenas a alguns pontos.

- Não-linearidade: Não existe, num nível profundo, a relação simples de causa-efeito. O que existe é a teia simultânea e permanente de relações globais.
- Dinâmica: Todas as partes de um sistema estão em permanente movimento. O organismo não encontra sua estabilidade pela fixação de suas leis, mas pela capacidade de adaptação e equilíbrio dinâmico.
- Caráter cíclico: O crescimento não é linear. Degradação e morte pertencem à vida. A morte é uma invenção da vida. O ciclo propicia a continuidade da vida, e não do indivíduo. A natureza não é biocêntrica, mas ecocêntrica, pois ela visa ao equilíbrio entre vida e morte numa perspectiva de manutenção do todo.
- Ordem estruturada: Cada sistema compõe-se de subsistemas, e todos são parte de um sistema ainda maior. O ser humano é parte do sistema humanidade. A humanidade é parte do sistema animal, este do sistema vegetal, enfim, do organismo Terra.
- Autonomia e integração: Cada sistema é autônomo e ao mesmo tempo relacionado – portanto, com identidade própria, mas aberto de tal forma que sempre se encontra num processo de integração com todos os elementos do meio. Darwin estabeleceu a *struggle for life* (a luta pela vida) como o princípio de seleção natural. O mais forte sobrevive, portanto triunfa o princípio da

auto-afirmação. Agora se complementa Darwin: o princípio que responde pela sobrevivência é a integração, a cooperação, a troca, a simbiose. Não se deve acentuar apenas a diferença e a identidade, mas também a complementaridade e a solidariedade.

- Auto-organização e criatividade: Cada sistema complexo, como o sistema nervoso central, tem a propriedade de estruturar a si mesmo. À medida que funciona, também se estrutura, num processo contínuo de aprendizado e decisão. A criatividade é intrínseca aos seres vivos, e o sentido da evolução é propiciar cada vez mais capacidade de criação. O ser humano é, por excelência, um ser criativo.

A partir disso, entende-se que alguns ecólogos representem a Terra como um sistema complexo único, um organismo vivo — Gaia. Cada subsistema está ligado a todos os outros, pelo correr do vento, das águas, pela migração das espécies, pelos ciclos de crescimento, amadurecimento, envelhecimento e morte. Pelo ar que respiramos, estamos unidos a todos os animais, às plantas, e também a nossos motores, nossas fábricas e às chaminés de nossa indústria.

Além dessas contribuições, temos as achegas vindas da psicologia do profundo, da psicologia transpessoal e da assim chamada nova antropologia. Não podemos detalhar aqui esses enriquecimentos. Todos eles coincidem neste ponto: o ser humano, biológica e psiquicamente, possui uma ancestralidade, assim como o Universo. Há uma ecologia interior e conexões com todas as energias do cosmos que passam por nós, nos marcam e nos interligam com o destino de todos os seres. Como disse o ecólogo norte-americano Thomas Berry: "O ser humano, menos que um ser habitando na Terra ou no Universo, é, sobretudo, uma dimensão da Terra e de fato do próprio Universo; a formação do nosso modo de ser depende do apoio e da orientação dessa ordem Universal; no universo cada ser se preocupa conosco." Vigora, pois, uma conspiração benigna entre todos os seres (Ferguson). Não se pode separar as ondas entre si e as ondas do mar. Não se pode separar a luz de seu brilho e de sua irradiação. Tudo coexiste.

Como se depreende, espiritualidade e ciência se implicam e se completam. As pessoas que se orientam pela cosmologia contemporânea mais e mais se confrontam com o planeta como um organismo imenso e complexo. Quando uma parte dele é violada, nós também sofremos. Não conhecemos apenas pela ciência, mas também por nossa consciência, pela nossa interioridade, pelas intuições, pelos sonhos, pelas experiências e projeções.

Grandes cientistas se extasiam diante da complexidade do real, diante daquela Força que está por trás da energia cósmica. Há um unificador de todo esse imenso organismo total. Desenvolvem uma profunda religiosidade sem com isso ligar-se a alguma confissão definida. Mais do que religião, eles professam uma espiritualidade cósmica como exemplarmente a viveu Albert Einstein.

O princípio dinâmico de auto-organização do Universo está agindo em cada uma das partes e no todo. Sem nome e sem imagem. Entretanto, Deus é o nome que as religiões encontraram para tirá-lo do anonimato e inseri-lo em nossa consciência e em nossa celebração da vida. É um nome de mistério, uma expressão de nossa reverência. Ele está no coração do Universo. O ser humano se sente integrado Nele, humildemente ao lado e junto de todos os demais seres, mas ao mesmo tempo responsável e co-criador, filho e filha do Supremo que se faz sempre mendigo para estar perto de cada um.

Queremos experimentar Deus, e não apenas saber dele por ouvir dizer. Nada melhor que uma mentalidade ecológica para mergulhar também naquele Mistério que tudo circunda, tudo penetra, por tudo resplende e tudo suporta. Para aceder a Ele não há apenas um caminho e uma só porta. Essa é a ilusão ocidental, particularmente das igrejas cristãs. Para quem um dia experimentou o Mistério que nós chamamos Deus, tudo é caminho, e cada ser se faz sacramento e porta para o encontro com Ele.

5. Ecologia e teologia: *pan-en-teísmo* cristão

Os desafios ecológicos provocam a teologia. Fazer teologia é sempre perguntar: Como isso tudo tem relação com Deus? As questões suscitadas animam a teologia a rever concepções do passado, a projetar outras e, em razão dos novos problemas, a atualizar antigas visões que ficaram no depósito de sua experiência acumulada e agora ganham relevância.

5.1 Co-responsabilidade do cristianismo pela crise ecológica

Em primeiro lugar, uma autocrítica. Até que ponto o próprio cristianismo não é co-responsável pela crise ecológica atual? É co-responsável, mas não o é sozinho, embora sua influência tenha sido determinante, pelo menos no Ocidente.

Sabemos que o livro das origens (Gênesis) apresenta duas versões da criação e da missão do ser humano. Na primeira versão se diz: "Façamos o ser humano [homem e mulher] à nossa imagem e semelhança para que domine...; sede fecundos e multiplicai-vos, enchei e subjugai a terra, dominai sobre os peixes" etc. (Gn 1, 26-28). Uma coisa é o sentido do texto nos quadros culturais do hagiógrafo de quase três mil anos atrás. Outra é sua recepção pelos leitores atuais, inseridos num quadro cultural diverso. O sentido originário do texto é este: o ser humano, na condição de homem e mulher, é o representante de Deus na criação, seu filho e sua filha, seu lugar-tenente e aquele que prolonga a obra criadora de Deus. Deus criou o ser humano criador. Esse é o sentido exegético de "imagem e semelhança". Os termos "subjugai a terra e dominai" devem ser entendidos nesse contexto, e não num sentido despótico, como as palavras sugerem.

O filho e a filha de Deus (outro sentido de "imagem e semelhança") participam da natureza do Pai criador, que é de sabedoria e bondade. Os verbos subjugar e dominar são usados no sentido de administrar uma herança recebida do Pai e cuidar dela. A culminância da missão do homem não se dá no trabalho criativo e na representação responsável de Deus, mas no descanso do sábado, que significa a celebração pela perfeição e bondade de toda a criação (Gn 2, 2-3). Portanto, no termo da missão humana não encontramos o trabalho, mas o lazer; não a luta, mas a gratuidade e o descanso gozoso.

Não foi esse, contudo, o sentido que predominou. As palavras "subjugar e dominar" foram lidas no contexto da modernidade. Elas foram assumidas literalmente. Daí se entendeu a missão do ser humano como Descartes e Bacon bem o disseram: um dominador e escravizador das forças na natureza para o benefício individual e social. Essa interpretação legitimava, com a força da Palavra de Deus, o saque que a Terra sofreu e sofre. Precisamos rever essa compreensão e resgatar o sentido originário, profundamente ecológico, da mensagem bíblica.

De acordo com a segunda versão, o ser humano foi feito por Deus como um ser vivo, marcado com seu sopro. Foi colocado no jardim do Éden "para o cultivar e guardar" (Gn 2, 15). Aqui o sentido é manifesto. O ser humano é amigo da natureza, trabalha com a terra (cultivar é isso), e é o anjo bom que a preserva. Esse sentido poderia ter limitado o outro, mas, na verdade, ficou apenas no papel ou foi espiritualizado. Na caixa de ressonância de nossa cultura ocidental, de si já orientada pelo poder e pelo culto do faraônico, tal mensagem tinha poucas condições de ser ouvida e vivida. Hoje, num contexto de crise de nosso paradigma de sociedade, ela ganha grande relevância. É nele que os professadores da fé bíblica se inspiram para atitudes ecológicas benfazejas e responsáveis.

Certamente, mais maléfica do que esses textos foi certa tradição teológica dominante nos meios eclesiásticos, que produziu a suspeita lançada sobre o corpo, o desprezo do mundo, a desconfiança acerca de todo prazer, da sexualidade e da feminilidade, o anúncio de um Deus desligado do mundo, o que favoreceu o surgimento de um mundo desligado de Deus. Tais elementos reforçaram a entrega do mundo à agressão humana.

Entretanto, cabe lembrar os elementos positivos que contrabalançam os negativos: a afirmação da matéria devido ao mistério da encarnação, aos sacramentos, especialmente a eucaristia; a ressurreição como transfiguração do mundo, da matéria e do corpo humano; a descoberta do caráter sacramental do cosmos, pois traz os sinais do próprio Deus; o mistério da criação que nos faz irmãos e irmãs de todos os seres, mística de confraternização emocionada vivida por São Francisco, Santa Clara e seus seguidores.

5.2 O resgate da teologia da criação

A ecologia, mais do que qualquer outra ciência, nos coloca diante da natureza como uma totalidade orgânica, diferenciada e única. Ela nos facilita entender o conceito teológico de criação, mediante o qual Deus e o Universo se diferenciam e ao mesmo tempo se aproximam. Dizer que somos criados significa afirmar que viemos de Deus, temos em nós Suas marcas e caminhamos para Ele. A reflexão cristã dominante não aprofundou muito o mistério da criação. Por razões históricas e institucionais, se concentrou muito mais no mistério da redenção. Mas sempre houve também uma vertente forte que soube articular melhor a criação com a redenção, como a herança de São Francisco, recebida reflexivamente por São Boaventura, Duns Scotus e Guilherme de Ockham; a moderna teologia das realidades terrestres (do mundo, da política e da libertação), e, por fim, toda a teologia da igreja ortodoxa.

Não se trata aqui de esboçar os rudimentos de uma teologia da criação. Basta-nos acenar a algumas referências de base. Em primeiro lugar, devemos entender a criação como jogo da expressão divina, dança de Seu amor, espelho no qual Ele mesmo se vê e projeta companheiros em Sua vida e comunhão. Nesse sentido, cada ser é mensageiro de Deus, Seu representante e sacramento. Cada um é digno, e deve ser acolhido e escutado.

Nessa visão criacionista não há hierarquias nem representantes exclusivos. Todos vêm do mesmo amor de Deus. A revelação é permanente, em contínuo processo, pois Deus continua se autodoando e historicamente fazendo aparecerem outras dimensões de Seu mistério conforme a própria criação avança. O magistério cósmico ensina, infalivelmente, sobre a humildade, a ternura e a bondade do princípio que tudo sustenta — Deus.

Nessa teologia da criação aparece o lugar singular do ser humano. Ele não está acima, mas dentro e no termo da criação. Ele é o último a despontar; encontra-se na retaguarda. O mundo não é fruto de seu desejo ou de sua criatividade; não viu seu princípio. Porque é anterior ao homem, o mundo não pertence a ele; pertence a Deus, seu criador. Mas o mundo lhe é dado como jardim que ele deve cultivar e zelar. Portanto, a relação que o ser humano tem para com a criação é fundamentalmente de responsabilidade, uma relação ética. Essa responsabilidade, entretanto, não é resultado de uma liberdade humana que pode se decidir pelo mundo ou não; antes, é anterior à sua liberdade; encontra-se inscrita em seu ser criacional. A liberdade se realiza no interior do mundo que o ser humano não criou, mas no qual se encontra.

O ser humano foi feito de tal forma que estará sempre junto e no meio da criação como aquele que vai atuar sobre ela, consoante o dinamismo divino que ele possui em si mesmo, recebido de Deus, pois é Dele imagem e semelhança. Em outras palavras, o ser humano só poderá ser humano e realizar-se edificando o mundo e inserindo-se nele na forma do trabalho e do cuidado. Aqui não há nada de destrutivo e dominador. Pelo contrário. Estamos diante de uma inscrição profundamente ecológica e destinada a manter o equilíbrio da criação, mesmo ao avançar e ao ser transformada pelo trabalho humano.

Uma teologia da criação nos ajudará a encontrar o sentido de uma teologia da redenção. Redenção supõe um drama, uma decadência na criação, e na vocação humana uma ruptura que atinge todos os humanos e também seu entorno cósmico. A própria criação se sente ferida porque o ser humano não a cultivou nem preservou. Por isso, consoante São Paulo, ela geme e clama por libertação (Rm 8, 22).

A redenção não clama por substituição, mas por resgate. A criação, fundamentalmente, conservou seu estatuto de criação boa. O ser humano não tem poder absoluto sobre a obra de Deus a ponto de danificá-la em seu coração. Mas ele pode feri-la gravemente. Se assim fosse, não caberia falarmos de redenção, mas de substituição, de criação de outra natureza. A redenção reassume a criação, reorienta a seta do tempo e sana a chaga que sangra. Isso significa que a revelação bíblica, as igrejas, o magistério, os sacramentos possuem um estatuto relativo. Estão sempre relacionados com a criação e a serviço de seu resgate. Isso nem sempre é recordado. Quando nos esquecemos da criação, exacerba-se a importância da Bíblia (fundamentalismo), inflaciona-se o papel das igrejas (eclesiocentrismo) e exagera-se a função dos sacramentos (sacramentalismo). A revelação judaico-cristã é para recuperar, e não para substituir, a revelação da criação. Por isso, não cabe esgrimir a Bíblia contra as ciências, nem transformar em fetiche o magistério eclesiástico, como se ele tivesse acesso a um saber negado aos que estão dentro da criação e a conhecem pelos vários tipos de saberes.

A comunidade eclesial deve sentir-se parte da comunidade humana, e esta, parte da comunidade cósmica. E todos, parte da comunidade trinitária: do Pai, do Filho e do Espírito Santo.

5.3 A Trindade é um jogo de relações: um Deus ecológico

A ecologia constitui um jogo complexo e completo de relações. Tudo inclui, nada negligencia, tudo valoriza, tudo concatena. A partir disso, resgata-se a intuição mais original do cristianismo – sua concepção de Deus. Ele afirma a unicidade da divindade como toda tradição religiosa da humanidade, mas ao mesmo tempo sustenta a diversidade das pessoas divinas, sem com isso querer multiplicar Deus. O cristianismo, desde os primórdios, confessa que Deus é Pai, Filho e Espírito Santo. Essas pessoas divinas coexistem eternamente: distintas, unidas, igualmente eternas e infinitas. Elas são simultâneas, de tal forma que não existe nenhuma anterioridade, subordinação e posterioridade entre elas.

Pareceria que estamos diante de três deuses (triteísmo), forma suave de politeísmo (muitos deuses). Leda representação. Existem sim os três distintos, mas entre eles vigem tais laços de vida, tal entrelaçamento de amor, tal jogo de relações eternas que os três se "uni-ficam". São um só Deus-comunhão, Deus-relação, Deus-amor.

O Universo constitui um desbordamento dessa diversidade e união. O mundo é assim complexo, diverso, uno, entrelaçado e interconectado porque é espelho da Trindade. Deus aponta em cada ser, acena em cada relação, irrompe em cada ecossistema. Mas, principalmente, se sacramenta na vida de cada pessoa humana, pois nela encontramos a inteligência, a vontade e a sensibilidade como concretizações distintas de nossa única e inteira humanidade. Somos uma só vida e comunhão realizadas distintamente, sendo unos e múltiplos em analogia com o mistério do "Deus tri-uno".

5.4 O Espírito Santo inabita o cosmos e o coração humano

As reflexões que fizemos nos deixam claro que nosso cosmos é constituído de energias em permanente interação. Elas ganham forma mais densa no sistema da vida. Há os que, com boas razões, afirmam que tudo é manifestação de vida, pois a vida é energia em altíssimo grau de complexidade e em relação consigo mesma. Essa vida se concretiza em mil formas, desde o movimento primitivo da matéria/energia original, até a sua expressão autoconsciente no ser humano.

A tradição cristã possui uma categoria para entender a realidade como energia e como vida. É a figura do Espírito Santo. Ele é, por excelência, o *Spiritus Creator*. Atua em tudo o que se move, faz expandir a vida, suscita os profetas, inspira os poetas, inflama os líderes carismáticos e enche o coração de todos de entusiasmo.

O Espírito, segundo o testemunho das Escrituras, plenifica o Universo e renova constantemente a estrutura do cosmos. Ele inabita sua criação semelhantemente ao Filho que se encarnou na humanidade de Jesus.

Os cristãos não têm dificuldades em conceber a encarnação por meio da qual o Filho de Deus se faz homem e convive com o dramático destino humano. Professamos também a presença cósmica do Cristo ressuscitado, agindo no processo de evolução, como o proclamou genialmente Teilhard de Chardin em seu evangelho do Cristo cósmico. Mas são pouco sensíveis à inabitação do Espírito na criação. O Espírito fez do cosmos seu templo, o lugar de sua atuação e manifestação.

Acolhendo a inabitação, os cristãos poderiam desenvolver uma atitude distinta perante o Universo criado – biótico e abiótico. Surgiria uma espiritualidade espontânea, cósmica e ligada aos processos da natureza e da história. Integraríamos mais facilmente o feminino e a mulher, pois ela está muito mais próxima que o homem do mistério da vida. Não sem razão, a mulher Maria, mãe de Jesus, guarda uma relação única com o Espírito, pois Ele armou sua tenda sobre ela (Lc 1, 35), divinizando para sempre o feminino. Ao contemplarmos a seta do tempo, contemplamos a ação do Espírito no mundo.

Bem dizia um poeta antigo que vivia essa mística da onipresença do Espírito: "O Espírito dorme na pedra, sonha na flor, acorda nos animais, sabe que está acordado nos homens e sente que está acordado nas mulheres." Há aqui uma intuição correta da ubiqüidade cósmica do Espírito, como é testemunhada por tantos místicos das culturas originárias, tais quais os indígenas sioux dos Estados Unidos, os bororos do Brasil e outros mestres da tradição zen do Oriente. Nos padres da igreja latina e grega dos séculos IV e V, particularmente nos dois Gregórios, Nazianzeno e de Nissa, São Basílio e São Pedro Damião, observamos com freqüência a expressão do "*Spiritus ubique diffusus*" (o Espírito difundido em todas as partes).

Tais visões nos ajudam a alimentar uma mística ecológica. Estamos mergulhados num oceano de vida, de espírito, de vibração e de comunhão. Formamos um todo no Espírito que, como um fio de colar de pérolas, une tudo e atrai tudo para o alto, em direção a uma comunhão plena no Reino da Trindade.

5.5 *Pan-en-teísmo* cristão: tudo em Deus e Deus em tudo

A ubiqüidade cósmica do Espírito nos permite recuperar uma antiga idéia cristã que reforça nossa espiritualidade e enriquece a leitura teológica da ecologia: o *pan-en-teísmo*. De saída, devemos distinguir o panenteísmo do panteísmo. O panteísmo sustenta que tudo é Deus. A energia primordial, os átomos, as pedras, as montanhas, as estrelas e o ser humano são partes da divindade. As coisas, os seres vivos e as pessoas são outras aparições da mesma e única realidade subsistente – Deus. Segundo o panteísmo, as coisas não são coisas, não possuem autonomia: são concretizações e outros sinônimos sempre do mesmo, vale dizer, do Deus cósmico e universal.

O *pan-en-teísmo* distingue – embora sempre relacione – Deus e as criaturas. Um não é o outro. Cada qual possui sua autonomia relativa, quer dizer, sempre relacionada. Tudo não é Deus, mas Deus está em tudo. É o que a etimologia da palavra panenteísmo sugere: Deus está presente em tudo, faz de cada realidade seu templo, e, vice-versa, tudo está em Deus. A ele nunca vamos, dele nunca saímos, pois estamos sempre nele, porquanto "nele vivemos, nos movemos e existimos" (At 17, 28).

O *pan-en-teísmo* nos permite abraçar o Universo com sumo afeto porque abraçamos o próprio Deus-Trindade. Dessa experiência nasce uma nova espiritualidade integradora, holística, capaz de unir o céu com a terra. Bem dizia Albert Einstein: "Sustento que o sentimento religioso cósmico é a motivação mais forte e mais nobre da pesquisa científica." Não só da pesquisa, mas também de uma existência aberta, sem medo do corpo e da matéria com seu peso e seu fulgor. O mundo não é apenas ponte para Deus. É o lugar da veneração e a casa do encontro com Deus. Porque isso é verdade, entende-se a afirmação do maior místico do Ocidente, Mestre Eckhart: "Se a alma pudesse conhecer Deus sem o mundo, o mundo jamais teria sido criado." O mundo e nós dentro dele existimos para propiciar a Deus ter companheiros na sua superabundância e nós podermos ser divinos em nossa "criaturabilidade".

6. O arquétipo ocidental da atitude ecológica: São Francisco de Assis

Os pensamentos são, no limite, verdadeiros somente quando se concretizam nas biografias das pessoas e nos movimentos históricos. Em nossa cultura ocidental há uma figura que se transformou em arquétipo de confraternização exemplar com a natureza: Francisco de Assis. Em razão disso, ele foi proclamado patrono da ecologia.

A originalidade de São Francisco reside no fato de ele ter conseguido uma síntese feliz entre a ecologia interior e a ecologia exterior, isto é, ter dado origem a uma fascinante mística cósmica. Os biógrafos do tempo, Tomás de Celano, São Boaventura e os textos de seus companheiros imediatos (*Legenda dos três companheiros*, *Legenda perusina* e o *Sacrum Commercium*) são unânimes em afirmar a profunda empatia que ele mantinha com todos os seres da criação. Francisco era um poeta genial, capaz de sentir o coração das coisas, decifrar a sua a mensagem ontológica e sentir, por co-naturalidade, os laços que nos prendem uns aos outros e ao coração do Pai. Ele não viveu apenas a mística da filiação divina; descobriu os desdobramentos dessa verdade teológica. Se somos filhos e filhas, então somos irmãos e irmãs. Assim, chamava pelo doce nome de irmão e irmã o Sol e a Lua, o fogo e a água, as ervas daninhas até as enfermidades e a morte.

A partir dessa mística de confraternização universal, tratava todas as coisas com sumo respeito e veneração. Pedia aos irmãos que não cortassem totalmente as árvores, para que elas pudessem brotar de novo; no inverno dava mel às abelhas, porque sofria vendo-as irrequietas e famintas. Nele irrompeu a ternura como atitude fontal do encontro com todas as alteridades. Nele predominavam o Eros e o Pathos (capacidade de sentir e de vibrar diante do valor das pessoas e das coisas) sobre o Logos (estrutura de compreensão da realidade). O coração ganhou com ele o seu direito, como forma sutil e profunda de conhecimento. O conhecimento cordial não nos distancia das realidades; antes, possibilita-nos estabelecer comunhão e amizade com elas. Essa era a ecologia exterior em São Francisco.

Mas ele elaborou também toda uma ecologia interior (ecologia da mente). Nos seus escritos, orações e hinos percebem-se o entusiasmo e o brilho que o Universo produzia na sua experiência do mundo e de Deus. No fim da vida compôs o hino ao irmão Sol, peça do mais alto êxtase cósmico. Compôs o seu hino quando já estava cego e extremamente doente. Canta o Sol e a Lua, o vento e a água, o fogo e a terra, elementos que já não via com os olhos praticamente cegos. Mas estavam no seu interior como símbolos e arquétipos de absoluta integração. O hino celebra o matrimônio cósmico do céu e da terra, do ser humano que está com todas as coisas e com o Deus solar que irradia do fundo de seu coração. Bem escreveu o filósofo Paul Ricoeur: "Eu me auto-expresso ao expressar o mundo e exploro minha própria sacralidade quando procuro decifrar o mundo." São Francisco é testemunho dessa verdade ecológica.

Nunca se viu no Ocidente tanta suavidade e tanta ternura como forma de vida e maneira de integração tal qual em São Francisco de Assis. Por isso ele continua referência cultural para todos aqueles que buscam uma nova aliança com a criação. Dante o chamou "Sol de Assis", o qual continua a irradiar até os dias atuais, despertando em nós aquelas potencialidades adormecidas que nos fazem mais sensíveis, solidários e compassivos com todos os seres do cosmos.

São Francisco nos mostra, por fim, que a opção pelos pobres e pelos mais pobres (os hansenianos ou os aidéticos de hoje) – que o fez o *Poverello* (o pobrezinho) – pode compaginar-se com a ternura pela criação. O mesmo amor que o leva aos hansenianos e ao lobo de Gubbio o faz abraçar o pobre das estradas e falar com os passarinhos. Ele sabe que esse mundo é o reino das desigualdades (*regio dissimilitudinis*), mas nem por isso deixa que o amargor tome conta da vida. A poesia, o canto, a dança e o amor sem limites têm sua força própria de transformação. Um Deus lúdico e prazeroso é libertador, principalmente dos pobres.

Com São Francisco resgatamos a convicção de que o paraíso não se perdeu totalmente e de que podemos retornar a ele para cumprirmos a vocação divina testemunhada no Gênesis: nosso lugar é a Terra, mãe e amiga, feita jardim do Éden, para cultivá-la com carinho e guardá-la com o coração na mão.

REFERÊNCIAS BIBLIOGRÁFICAS

A. Franco, *A nova* geração – crise e reflorescimento, Minas, Thomé das Letras, 1990.

A. Moser, *O problema ecológico e suas relações éticas*, Petrópolis, Vozes, 1984.

B. Campell, *Ecologia humana*, Lisboa, Edições 70, 1983.

B. Mckibben, *O fim da natureza*, Rio de Janeiro, Nova Fronteira, 1990.

C. Benjamin, "Nossos verdes amigos x verdes revolucionários", *in Teoria e debate*, n. 12, 1990, p. 6-21.

C. Minc, *Como fazer movimento ecológico e defender a natureza e as liberdades*, Petrópolis, Vozes, 1989.

C. W. P., Gonçalves, *Os (des)caminhos do meio ambiente*, São Paulo, Contexto, 1990.

D. Meadows *et al*, *Limites do crescimento*, São Paulo, Perspectiva, 1972.

D. Schwarz, e W. Schwarz, *Ecologia: alternativa para o futuro*, Rio de Janeiro, Paz e Terra, 1990.

D. Zohar, *O ser quântico. – uma visão revolucionária da natureza humana e da consciência baseada na nova física*, São Paulo, Best Seller, 1991.

Davies, P. *Deus e a nova física*. Lisboa: Edições 70, 1988.

E. Cardenal, *Cântico cósmico*, Nicarágua, Editorial Nueva Nicarágua, 1989.

E. F. Mourán, *A ecologia humana das populações da Amazônia*, Petrópolis, Vozes. 1990.

E. Turrini, *O caminho do sol*, Petrópolis, Vozes, 1992.

F. Bettg, *Teilhard de Chardin: sinfonia universal*, São Paulo, Letras & Letras, 1992.

F. Capra, *O Tao da física – um paralelo entre a física moderna e o misticismo oriental*, São Paulo, Cultrix, 1991.

________. *O ponto de mutação – a ciência, a sociedade e a cultura emergente*, São Paulo, Cultrix, 1991.

________. *Sabedoria incomum*, São Paulo, Cultrix, 1991.

F. Guattari, *As três ecologias*. Campinas: Papirus, 1988.

F. von Weizsäcker, *O tempo urge*, Assembléia Mundial de Cristãos em Prol da Justiça, da Paz e da Preservação da Natureza, Petrópolis, Vozes, 1991.

H. R. Leis et al, *Ecologia e política mundial*, Petrópolis,Vozes, 1991.

I. Prigogine e I. Stengers, *A nova aliança – metamorfose da ciência*, Brasília, Editora da Universidade de Brasília, 1990.

J. A. Pádua (org.), *Ecologia e política no Brasil*, Rio de Janeiro, Espaço e Tempo, 1987.

J. E. Lovelock, *Gaia. Um novo olhar sobre a vida na Terra*, Lisboa, Edições 70, 1987.

J. Hébette (org.), *O cerco está se fechando – o impacto do grande capital na Amazônia*, Petrópolis, Vozes, 1992.

J. Lutzenberger, *Fim do futuro – manifesto ecológico brasileiro*, Porto Alegre, Editora Movimento, 1980.

_______. *Gaia, o planeta vivo*, Porto Alegre, L & PM, 1990.

J. P. S. Martins, *Ecologia ou morte: os cristãos e o meio ambiente*, São Paulo, FTD, 1987.

J. Rosnay, *A aventura da vida: O que é? Como começou? Para onde vai?*, Petrópolis, Vozes, 1992.

L. A. Pereira *et al*, *Introdução à ecologia*, São Paulo, Moderna, 1982.

L. Boff, *Francisco de Assis, ternura e vigor*, Petrópolis, Vozes, 1980.

L. Brown, (org.), *Salve o Planeta. Qualidade de vida – 1990*, São Paulo, Globo, 1990.

L. Vieira, *Fragmentos de um discurso ecológico*, São Paulo, Gaia, 1991.

M. J. A. Lima, *Ecologia humana*, Petrópolis, Vozes, 1984.

M. Serres, *O contrato natural*, Rio de Janeiro, Nova Fronteira, 1991.

M. Waldmann, *Ecologia e lutas sociais no Brasil*, São Paulo, Contexto, 1992.

N. M. Unger, *O encantamento do humano: ecologia e espiritualidade*, São Paulo, Loyola. 1991.

O. Baptista filho, *O homem e a ecologia*, São Paulo, Pioneira, 1977.

P. A. Leme, *Direito ambiental brasileiro*, São Paulo, Revista dos Tribunais, 1991.

R. B. Viertler, *Ecologia cultural: uma antropologia da mudança*, São Paulo, Ática, 1988.

R. Crema, *Introdução à visão holística*, São Paulo, Summus, 1988.

R. Dajoz, *Ecologia geral*, Petrópolis, Vozes, 1983.

R. R. F. Mourão, *Ecologia cósmica – uma visão cósmica da ecologia*, São Paulo, Francisco Alves, 1992.

R. Weber, *Diálogo com cientistas e sábios, a busca da unidade*, São Paulo, Cultrix, 1988.

S. Hawking, *Uma breve história do tempo – do Big Bang aos buracos negros*, Rio de Janeiro, Rocco, 1989.

T. Berry, *O sonho da Terra*, Petrópolis, Vozes, 1991.

Vários autores, Comissão de Desenvolvimento e Meio Ambiente da América Latina e do Caribe, *Nossa própria agenda*, BID/PNUD, 1991.

VÁRIOS AUTORES, Comissão Independente sobre Assuntos Humanitários Internacionais. *A agonia das florestas: as conseqüências da destruição florestal*, Petrópolis, Vozes, 1991.

VÁRIOS AUTORES, Comissão Mundial sobre o Meio Ambiente, *Nosso futuro comum*, Rio de Janeiro, Fundação Getulio Vargas, 1988.

VÁRIOS AUTORES, *Cuidando do planeta Terra – Uma estratégia para o futuro da vida*, São Paulo, publicação conjunta da UICN/PNUMA/WWF, 1991.

VÁRIOS AUTORES, "Espiritualidade da criação, resposta à crise atual", *Revista Grande Sinal*, Petrópolis, n. 6, 1989.

VÁRIOS AUTORES, *Francisco e a ecologia*, Petrópolis, SINFRA/JUPE, 1991.

VÁRIOS AUTORES, "Meio ambiente", *Revista Tempo e Presença*, Rio de Janeiro, n. 261, 1992.

VÁRIOS AUTORES, "Não há céu sem terra", *Revista Concilium*, Petrópolis, n. 236, 1991.

VÁRIOS AUTORES, *Vem Espírito Santo, renova toda a criação. Seis estudos bíblicos*, São Paulo, CEDI/CMI, 1990.

Capítulo II

RELIGIÃO, JUSTIÇA SOCIETÁRIA E REENCANTAMENTO DA CRIAÇÃO

Nota-se hoje um fenômeno universal e inquestionável: o religioso e o místico estão de volta. Não se trata de constatar a persistência das religiões históricas, que resistiram a todo tipo de ataque, desmoralização e perseguição pelos poderes políticos e até à tentativa de deslegitimação por parte do saber crítico e científico. A novidade reside exatamente na verificação de que os filhos do saber crítico e científico estão se tornando religiosos e místicos.

Importa compreender a relevância de tal dado, decifrar-lhe a mensagem, que devemos captar, e perceber sua missão no processo mais amplo a que todos atualmente estamos submetidos, quer dizer, a mutação cultural em curso. Mas antes consideremos o caminho de retorno ao místico e ao religioso.

1. A religião: desvio ou rumo certo?

A Idade Moderna se caracteriza pela centralidade da razão na compreensão e organização da vida e da sociedade humana. A ciência e a técnica constituem a expressão mais acabada da racionalidade. Elas são responsáveis pela emergência do maior mito da modernidade: o desenvolvimento ilimitado. Em nome dele moldou-se uma nova face da Terra e produziu-se para um bom número de nações e setores sociais um bem-estar material antes jamais alcançado. Esse desenvolvimento linear ilimitado custou também um preço social pesado. Grandes porções da humanidade foram sacrificadas ao progresso ou dele beneficiam-se apenas de forma subalterna ou marginal. A natureza foi submetida a uma pilhagem devastadora. Em algumas áreas a destruição provocou efeitos irreversíveis.

A primeira fase do projeto científico-técnico produziu fascinação. Com efeito criaram-se obras portentosas. Depois vieram as guerras, durante as quais a ciência e a técnica mostraram sua capacidade inimaginável de destruição. As armas nucleares, químicas e biológicas atualizaram-nos a eventualidade do apocalipse para toda a natureza. Da fascinação passou-se ao espanto e até ao pavor. Corremos o risco de produzir vírus resistentes a qualquer defesa antibiótica. Ameaçamos, assim, toda a biosfera e vemos comprometida a sobrevivência concreta da humanidade. A ciência, de demiurgo criador, pode transformar-se num satã desolador. Tal percepção gerou a urgência da ética como responsabilidade pelo futuro da Terra. Gestou também uma poderosa crítica ao paradigma racional da modernidade. No limite, o mito do desenvolvimento ilimitado poderá conduzir-nos à destruição inevitável.

Precisamos encontrar alternativas viáveis à modernidade. Não podemos renunciar à racionalidade, pois necessitamos dela para administrar a complexidade humana e até mesmo para sanar os malefícios que ela produziu. Urge, sim, ultrapassar o racionalismo (a razão como a única forma legítima de acesso e gerenciamento do real) e integrar a razão num todo maior.

Como a modernidade viu a religião? Em primeiro lugar, como algo pré-moderno. Segundo ela, a religião reproduz um saber primitivo e fantástico que deve ser substituído pelo saber crítico e científico (A. Comte). Em seguida, foi vista como enfermidade: ópio, alienação e falsa consciência de quem ainda não se encontrou ou de quem voltou a perder-se (K. Marx); e ilusão da mente neurótica que procura pacificar o desejo de proteção e tornar o medo suportável (S. Freud). Por fim, a religião foi considerada uma realidade que, apesar de sua capacidade de transformação da sociedade, tende a desaparecer no processo de racionalização, secularização e desencantamento do mundo (M. Weber). Outros a viram como algo sem sentido, pois seus discursos não têm um objeto verificável (escola de Viena, com Popper e Carnap).

A religião está fora da razão. Seu lugar é o imaginário, o sentimento e o desejo, fatores que perturbam a razão em sua busca da objetividade.

E contudo, retrucava L. Wittgenstein – filósofo, matemático e, por fim, místico oriundo da mais radical racionalidade – que no ser humano não existe somente a atitude racional e científica que sempre indaga *como* são as coisas e para tudo procura respostas. Existe também a capacidade de extasiar-se. "Extasiar-se não pode ser expresso por uma pergunta. Por isso não existe também nenhuma resposta." (*Schriften*, 3, 68) Que o mundo exista é totalmente inexprimível. Para tal fato "não há linguagem. Mas esse inexprimível se mostra. É o místico" (*Tractatus*, 6, 522). "O místico não reside no *como* o mundo é, mas no *fato* de que o mundo existe." (*Tractatus*, 6, 44) "Mesmo que tenhamos respondido a todas as possíveis questões científicas, nos damos conta de que nossos problemas vitais nem sequer foram tocados." (*Tractatus*, 6, 52) Crer em Deus é compreender a questão do sentido da vida. Crer em Deus é afirmar que a vida tem sentido. Sobre Deus, que está para além deste mundo, não podemos falar. "E sobre o que não podemos falar, devemos calar." (*Tractatus*, 7) A limitação do espírito científico reside nisto: ele não tem nada sobre o que calar.

As razões começam com a razão. A razão mesma não é um fato de razão. Já dizia a sabedoria antiga do Upanishad: "Aquilo pelo qual todo pensamento pensa não pode ser pensado." A religião não se situa, porventura, nessa direção?

Existem, pois, o êxtase, o sublime e a presença, que é o ser mostrar-se escancaradamente. Escreveu um pensador judeu contemporâneo:

> Confinados em nossas salas de estudo, podemos acolher qualquer idéia que surja em nossas mentes. Em tais circunstâncias é sempre plausível dizer que o mundo é desprezível e todo significado, um sonho ou uma ficção. Mesmo assim, ninguém pode olhar com desprezo para as estrelas, deixar de dar atenção à alvorada, ridicularizar o florescer da primavera ou zombar da complexidade do ser. Distantes da imensidão, enclausurados em nossos próprios conceitos, podemos desdenhar e injuriar tudo. Mas permanecendo entre o céu e a terra, nós nos calamos. (Heschel, *Deus em busca do homem*, p. 139)

A religião não é o que o ser humano faz com sua solidão, mas o que o ser humano faz com a presença daquilo que nos extasia, alarga nosso coração e que está aquém e além de toda razão. Não é nesse horizonte que faz sentido falarmos de Deus? De fato, é nesse contexto que todas as religiões falam de Deus como presença, do sublime, do luminoso, do aconchegante, do santo, do sentido derradeiro.

Hoje assistimos a uma percepção nova dessa presença de Deus. A raiz secreta da volta do religioso e do místico não reside, propriamente, na crise do paradigma da modernidade: o saber, e o saber para dominar, e o dominar para enriquecer, e o enriquecer para desfrutar. Esse paradigma funcionava como uma membrana que impedia ver a presença de Deus. Ao romper esse empecilho, o olho capta o que sempre esteve presente: o gracioso advento da divindade e a possibilidade do extasiar-se humano. Essa percepção está na raiz sã de toda religiosidade. É o que explica a volta vigorosa do religioso e do místico em todas as culturas mundiais: uma nova capacidade de encantamento, admiração e magia.

As pessoas querem experimentar Deus. Estão fatigadas de ouvir catequeses, de escutar as autoridades religiosas falarem sobre Deus e dos teólogos atualizarem as doutrinas da tradição. Testemunhamos hoje a experiência de Jó, que se queixava: "Falei de coisas que não entendia, de maravilhas que ultrapassam minha compreensão. Conhecia-te, ó Deus, só de ouvido; mas agora viram-te meus olhos." (Jó 42, 3-5)

A volta do religioso e do místico pouco se faz pela mediação das religiões instituídas. Estas falam sobre Deus e suas maravilhas, mas dificilmente permitem experimentar Deus e vivenciar sua irrupção na vida. O que se busca são experiências pessoais e comunitárias de um novo mergulho no mistério fascinante de Deus, presente na história e nas dobras da vida.

Esse fenômeno nos faz perguntar: qual é o lugar da religião? A partir de onde emerge a experiência religiosa e mística? Podemos logo responder: daquelas instâncias exorcizadas pela racionalidade moderna – da fantasia, do imaginário, daquele fundo de desejo do qual irrompem todos os sonhos e utopias que povoam a mente, entusiasmam os corações e incendeiam o estopim que deslancha as transformações da história. Utilizando uma terminologia de Blaise Pascal, diríamos: a experiência religiosa provém do espírito de fineza e não do espírito de geometria (*Pensées*, frag. 125), pois "é o coração que sente Deus, não a razão" (frag. 277).

É próprio dessas instâncias – do desejo, da fantasia e do imaginário – não se adequarem ao dado concreto. De contestarem todo o dado. De suspeitarem de que o dado é feito e desconfiarem de que o dado e o feito não são todo o real. O real é maior. Pertence ao real também o potencial, o que ainda não é e pode ser. Por isso a utopia não se antagoniza com a realidade. Ela revela a dimensão potencial e ideal da realidade. Já dizia o velho E. Durkheim: "A sociedade ideal não está fora da sociedade real: é parte dela." (*Les formes élémentaires de la vie religieuse*, p. 604) Por isso, com razão asseverava: "Somente o ser humano tem a faculdade de conceber o ideal e de acrescentá-lo ao real." (*op. cit.*, p. 602). Nós diríamos: não de acrescentá-lo ao real, porque ele já está lá, mas de detectá-lo no dado, fazendo com que o real seja sempre maior que o dado à nossa mão.

O dado, porque é dado e feito, apresenta-se sempre contraditório, por melhor que seja. O ideal e o utópico projetam um dado futuro não mais contraditório. O dado atual diz que nos comportamos como lobos uns com os outros. O dado futuro, vale dizer, o utópico, afirma que não somos condenados eternamente a essa situação, mas a sermos irmãos e irmãs. E que esse ideal está inscrito nas potencialidades do dado-feito. Dado e ideal compõem o real em sua verdade que é e que ainda se vai revelar.

A religião é a organização mais ancestral e sistemática da dimensão utópica inerente ao ser humano. Por isso, para a religião o mundo não está definitivamente perdido: é possível seu resgate e sua plenificação. Morrer não é apenas fechar os olhos – é fechar os olhos para ver melhor. Haverá uma confraternização entre ser humano e natureza, uma comunhão duradoura entre o homem e a mulher, um encontro fusional entre Deus e a Humanidade.

Na base da religião está uma esperança que simultaneamente é amor do que ainda não é e fé naquilo que ainda não se experimenta. Bem o expressou a epístola aos hebreus: "A fé é o fundamento do que se espera e a convicção das realidades que não se vêem." (Hbr 11, 1)

Rubem Alves, o pensador que melhor aprofundou o enigma da religião na reflexão brasileira contemporânea, diz com acerto:

> A intenção da religião não é explicar o mundo. Ela nasce, justamente, do protesto contra esse mundo que pode ser descrito e explicado pela ciência. A descrição científica, ao se manter rigorosamente dentro dos limites da realidade instaurada, sacraliza a ordem estabelecida de coisas. A religião, ao contrário, é a voz de uma consciência que não pode encontrar descanso no mundo, tal como ele é, e que tem como seu projeto transcendê-lo. (*O enigma da rebelião*, p. 25)

A experiência religiosa e mística tem uma característica de *globalidade*. Tem relação com o todo da vida e da história, e não apenas com um setor. Não cresce ou diminui à medida que cresce ou diminui o processo de secularização. A experiência do divino é por isso globalizadora: porque consegue discernir a presença de Deus tanto no espaço secular quanto no espaço do sagrado. A divindade em tudo resplende.

Ela se caracteriza também por ser *integradora* de todas as dimensões. Constitui uma patologia a compreensão de que a experiência religiosa é do regime do separado: separada da razão porque ela possibilitaria acesso a verdades até então inacessíveis à inteligência; separada do secular porque se realizaria somente no sagrado; separada do corpo porque teria ligação apenas com o espírito; separada da comunidade, pois diria respeito tão-somente ao coração; separada da história porque se interessaria unicamente com a eternidade. Para a experiência religiosa, tudo é sacramental, pois vem penetrado pela presença da divindade. Como dizem os budistas japoneses, tudo pode se transformar em *kami*, em sagrado e divinizável.

Por fim, ela se caracteriza pela *diafania* do divino nos processos do mundo. O divino não é algo acrescentado, a partir de fora, às experiências humanas. Ele se dá por meio de todas as experiências; por isso elas ficam transparentes a ele. Todas as coisas possuem uma profundidade, que é seu outro lado, e seu mistério, que remete ao Mistério.

A experiência do divino constitui, portanto, um ato global da pessoa. É uma experiência totalizante. Não precisa religar Deus e mundo. Eles estão sempre perpassados mutuamente. Importa descobrir essa religação que é a diafania divina do mundo. Como diria São Paulo aos gregos da ágora: "Deus não está longe de nenhum de nós. Nele vivemos, nos movemos e existimos." (At 17, 28)

Portanto, a experiência religiosa, com sua expressão cultural, a religião, não é patologia, mas sanidade. Ela é um patrimônio antropológico de base, irredutível a outra experiência mais originária.

Por isso sempre esteve presente na humanidade, das formas mais distintas. Hoje emerge sob uma nova forma. Ela busca a expressão que traduza a presença da divindade tal como ela irrompe nas distintas culturas contemporâneas.

2. A volta do religioso e a nova cosmologia

Toda experiência religiosa se exprime mediante um código cultural: é parte da cultura – é influenciada pela cultura ambiente e a influencia também. Já E. Durkheim mostrou como a religião não se esgota na expressão do rito, do culto e da doutrina (*Les formes élémentaires*, p. 611-5). Ela produz também uma cosmologia, quer dizer, um discurso sobre o mundo. Não se trata de fazer ciência, porque esse não é o sentido da religião, mas de projetar uma imagem global do mundo que mostre sua religação com a divindade. Cada cosmologia representa, ao seu modo, Deus e o sentido globalizador, integrador e sacramental do mundo.

Na nossa tradição ocidental conhecemos três grandes modelos cosmológicos. A cosmologia antiga via o mundo como um conjunto unitário, hierarquizado, sagrado e imutável. Sua metáfora é a *escada* dos seres. Na culminância está Deus, como o Ser Supremo, Criador de todo o Universo. Poderíamos também dizer que se trata de uma cosmologia teocêntrica.

A cosmologia moderna, elaborada a partir da física de Newton, da astronomia de Copérnico e Galileu, bem como do método científico de Descartes, é dualista: o mundo é dividido em dois, o mundo da matéria e o mundo do espírito. As ciências da natureza analisarão o mundo da matéria, enquanto deixarão para a filosofia e a teologia o mundo do espírito. O homem na sua unicidade de realização e frustração não interessa cientificamente. Só conta realmente o que é nele e no mundo mensurável. O restante é subjetivo e desinteressante do ponto de vista da ciência moderna.

A metáfora dessa cosmologia é a *máquina*. Deus é representado como o grande Arquiteto que planejou as leis dessa máquina; leis essas que seguem o seu curso sem precisar mais da referência de sua origem. Cabe ao ser humano conhecê-las e ordená-las para o seu projeto. Essa cosmologia é antropocêntrica.

A partir da década de 1920, com a teoria da relatividade de Einstein, com a física quântica de Bohr, com o princípio da indeterminabilidade de Heisenberg, com as contribuições da física teórica de I. Prigogine e I. Stengers, bem como com as conquistas da psicologia do profundo (S. Freud e C. G. Jung), da psicologia transpessoal (A. Maslow e P. Weil), da biogenética, da cibernética e da ecologia profunda, surgiu uma nova cosmologia. Passa-se rapidamente da era industrial para a era da comunicação e do gerenciamento da complexidade. Transita-se de um mundo "materialista" (orientado para a produção de bens materiais) para um mundo "pós-materialista" e espiritual (interessado na integração do cotidiano com o místico). Diante dessa realidade, a síntese desempenha uma função mais primordial que a análise, a visão holística e orgânica deve completar a visão setorializada das ciências. Importa articular as duas maneiras de viver e de ler o mundo – a do homem e a da mulher. Por isso, a nova cosmologia incorpora fortes elementos femininos, já que ela, culturalmente, vinha marcada de modo quase exclusivo por elementos masculinos.

O sentido espiritual das relações com toda a realidade, em especial diante da crise ecológica, transforma-se num imperativo. A nova cosmologia projeta uma visão do mundo unificado, mas não hierarquizado, orgânico, holístico, feminino-masculino e espiritual. Os seres – isso é particularmente convincente a partir da física quântica e da teoria da relatividade ampliada – não estão justapostos ou desarticulados. Tudo se encontra profundamente relacionado. O que na verdade existe é um feixe complexo de energias que estão permanentemente em relação entre si. A própria matéria representa uma das cristalizações possíveis da energia.

Mais do que falar de corpo e alma, matéria e espírito, prefere-se falar, conseqüentemente, de energia e vida. O ser humano não está mais acima da realidade, dominando-a, mas se entende no meio dela, como parte, participando de um todo que deve preservar e venerar e que o desborda por todos os lados.

Particularmente, a categoria *espírito* foi revisitada e profundamente enriquecida a partir das visões da cosmologia moderna. Espírito não é entendido como parte do ser humano, ao lado do corpo, mas como a totalidade humana na condição de vida e fonte de energia vital. Nessa acepção, espírito não se opõe ao corpo, mas à morte. A disjunção não se dá entre matéria e espírito ou corpo e alma, mas entre vida (espírito) e morte (negação da vida). Espiritualidade significa, em derivação, o modo de ser que propicia a vida, a sua expansão, sua defesa, respeito e a obediência – audiência à sua lógica, que é o dom, a gratuidade e a comunhão com outras vidas e com todas as demais alteridades.

O grupo de cientistas de Princeton e Pasadena que busca uma reaproximação entre ciência, filosofia e religião, autodenominando-se, de forma ambígua, de "neognósticos", sustenta, como tese fundamental de sua *basic cosmology*, que "o mundo é dominado pelo Espírito e é feito pelo Espírito" (cf. Ruyer, *A gnose de Princeton*, p. 35).

A metáfora dessa nova cosmologia é a do *jogo*. Como diz um cientista e teólogo da Comunidade Européia, "o jogo nos comunica a idéia da complexidade, da lógica não linear, mas também da implicação essencial dos jogadores e de sua criatividade; o ser humano não é mais espectador passivo de um mundo do qual se sente excluído" (Luyckx, *Religions & éthique après Prométhée*, p. 23). Essa cosmologia é integradora.

Que imagem surge de Deus no âmbito dessa cosmologia? As imagens vigentes de Deus estão ainda vinculadas às cosmologias anteriores. Cada cosmologia projeta seu nome à Presença que se anuncia no imenso processo de mutação cultural que está em curso.

Esse processo não é fácil. Pressupõe muitas experiências e muitas tentativas de nominação correspondente.

Observando os fenômenos religiosos atuais, sem grandes dificuldades percebemos um perfil que aponta para Deus como Espírito. O Espírito é vida e doador de toda a vida, como o professa o credo cristão. Está presente em todos os processos de mudança, de inauguração do novo e de gestação das diversidades. É, por excelência, comunicação e liberdade. Não é refém das instituições religiosas. No dizer do evangelho de João, o "Espírito sopra onde quer, não sabemos nem de onde vem nem para onde vai" (Jo 3, 8), e "o Pai quer ser adorado em Espírito e verdade" (Jo 4, 23), ou seja, na liberdade. Nem fixado em Jerusalém, e nisso pensamos em toda a tradição judaico-cristã, nem em Garizim, e nisso pensamos nas religiões do mundo. Ele quer ser servido em tudo e por todas as mediações que mostrem a vida e a verdade da vida, isto é, a comunhão e a comunicação.

O Espírito é o Espírito Santo. Vivemos hoje a era do Espírito. Por todas as partes ele fermenta e irrompe. Nas buscas de libertação dos oprimidos. Nos movimentos de mulheres que sacodem o jugo do patriarcalismo milenar e buscam definir sua identidade na reciprocidade com o masculino. Nas grandes utopias que movem as transformações atuais em todos os campos da atividade humana. No seio mesmo das religiões, quando retornam às experiências originárias, na efervescência carismática de tantos e tantos grupos que vivenciam um novo sentido de viver.

Nessa direção se deve entender o novo fervor das religiões populares no mundo e, de modo particular, no Brasil. O fenômeno é ambíguo e apresenta muitas facetas que importa criticamente avaliar. Mas a convocação que elas trazem e sua propagação contagiante dificilmente se deixam explicar apenas pelo afã econômico ou pela ignorância das massas. Elas revelam um dado positivo que nos faz pensar. Quem são os professadores desses movimentos religiosos? Nos países industrializados, são os grupos que padecem devido ao vazio de sentido da cultura moderna, os insatisfeitos com as mensagens religiosas das instituições históricas.

No Terceiro Mundo, em sua grande maioria, são pessoas profundamente carentes no plano da subsistência; são os sobreviventes da grande tribulação social que está dizimando as massas. Essas pessoas são religiosas; têm sede de Deus e fome de pão. As igrejas históricas não sabem acolher suas demandas vitais. Elas se institucionalizaram, criaram seus corpos de doutrina dogmatizados, seus quadros de direção burocratizados. Dificilmente criam condições, em seus ambientes, para um encontro vivo com o Deus vivo. Mal acolhem os que as procuram.

E os empobrecidos, que não contam socialmente para nada, que não são escutados por ninguém, nem pelos políticos que elegeram, anônimos, desorientados, numa sociedade que os expulsa e os relega, excluídos, no submundo dos não-homens das favelas, encontram, nas celebrações populares, dignidade e sentido para continuar a viver, esperar e lutar. Aqui falam diretamente com Deus e se sentem escutados. Sabem-se, orgulhosos, filhos e filhas de Deus. Vivem, por um momento, uma atmosfera de fraternidade que lhes é negada em todos os espaços sociais. Aqui a religião não é ópio. É libertação da completa desumanização a que são submetidos. É o desfrute de uma liberdade simbólica, que ainda deverá ser real com o compromisso transformador da realidade. São religiões de resistência. Seu entusiasmo carismático lhes confere o mínimo sentido de vida, sem o qual desesperariam ou passariam à violência sem objeto e sem objetivo.

Se, porventura, como é o caso das comunidades eclesiais de base, essas religiões criam estabilidade em seus grupos, aprendem a ler a página da Bíblia em confronto com a página da vida, pronunciam seus problemas e comunitariamente buscam saídas possíveis; se, ainda, começam a perceber o caráter político de sua miséria e se articulam com as armas de luta dos oprimidos – que são as associações de moradores, os sindicatos, numa palavra, os movimentos populares por terra, casa, transporte, direitos humanos –, então deixam de ser religiões de resistência e começam a ser religiões de libertação.

Essa última reflexão nos conduz para as questões práticas ligadas à volta do religioso e do místico. Queremos abordar, rapidamente, três núcleos problemáticos, verdadeiros desafios para as religiões hoje: a religião e a justiça societária, a religião e as questões da ciência e da tecnologia e, por fim, a religião e a questão da ecologia. Antes, porém, devemos tratar de uma questão mais geral, que concerne à relação entre o fato religioso e as diferenças culturais.

3. O religioso e as diferenças culturais

A expressão concreta do religioso e do místico passa pela diferença das culturas. Se não considerarmos esse fator, nos ateremos ao abstrato e não perceberemos os limites inerentes a cada expressão religiosa cultural e também a contribuição específica que se pode esperar dela.

Devemos nos deter no fenômeno cristão à luz das pesquisas que o cientista social holandês Geert Hofstede (e sua equipe) realizou para a IBM em quarenta países, detectando as diferenças culturais e sua expressão religiosa.

Foram formuladas quatro questões: Qual é o grau da verticalidade de uma sociedade (*power distance dimension*)?; Qual o grau de angústia inconsciente da sociedade, de abertura ao novo e de religiosidade (*uncertaincy avoidance*)?; Qual o grau de autonomia do indivíduo (*individualism*)? E, por fim: Qual o impacto das diferenças sexuais sobre os papéis sociais (*masculinity/feminility*; veja: *Culture's consequences. International differences in work related values*, 1984, retrabalhado por Luyckx, *Religions & éthique après Prométhée*, p. 16-22)?

Nesse quadro, a cultura latina, em que se encarnou parte significativa do cristianismo (catolicismo romano), caracteriza-se por estruturas políticas e de organização de trabalho predominantemente verticais, hierarquizadas e centralizadas, as quais mostram um alto grau de segurança de si mesmas e, por isso, tendem ao dogmatismo, à intolerância, ao tradicionalismo e a uma fraca aceitação da alteridade (etnocentrismo). Sobretudo, revelam um grau elevado de individualismo e de independência em relação à comunidade, mas guardam forte dependência das autoridades. Por fim, há uma tendência à afirmação da masculinidade, sem, entretanto, cair no machismo latino-americano. O superego dos latinos vai encarnar-se numa personalidade poderosa – no pai, no líder e no chefe. A maneira latina de resolver as questões é apelar para a hierarquia. O poder centralizado e o individualismo deixam-se conjugar mediante uma forte burocracia, segundo a qual cada um é dependente da autoridade, mas, ao mesmo tempo, devido ao caráter centralizado e impessoal da autoridade burocrática, sente-se livre e independente.

A cultura anglo-saxã, em que se inseriu outra parte significativa do cristianismo (Reforma protestante), apresenta características diversas. As formas de governo são mais participativas e democráticas; por isso há mais horizontalidade da sociedade. Mostram um grau baixo de angústia. Por isso são abertos às mudanças e ao futuro. O individualismo é muito alto, mas diferente daquele dos latinos, pois a distância da autoridade é menor e há notável tolerância da alteridade. Os papéis sexuais são mais equilibrados, devido à tendência de valorizar o papel da mulher.

Poderíamos analisar outras culturas mundiais, tais quais a chinesa, a japonesa e a indiana, como fez Hofstede. Ademais, importaria ver, com certo detalhe, as culturas africanas, pois elas estão fortemente presentes nas religiões afro-brasileiras. Mas isso desborda dos propósitos dessa reflexão.

Aduzimos essas reflexões a fim de chamar a atenção para o fator cultural presente nas religiões. Muitos elementos que elas atribuem à revelação ou que emprestam a elas caráter imutável – como é o caso mais freqüente em setores importantes do catolicismo romano –, não passam, na verdade, de expressão cultural meramente latina. A infalibilidade papal, por exemplo, expressa mais o alto grau de auto-afirmação, marca da cultura latina, do que uma característica da fé cristã. Esta pôde viver séculos sem precisar da declaração desse dogma.

4. O religioso e a justiça societária

As religiões encontram em dois pontos fundamentais seu denominador comum: a valorização da vida em si e a *com-paixão* para com as vidas vulneradas e oprimidas. A volta do religioso hoje não pode deixar de se confrontar com a miséria que afeta dois terços da humanidade. A unção religiosa deve poder transformar-se em iracúndia sagrada; a piedade, em compromisso com a justiça societária.

Com a dissolução da relação Leste-Oeste, mais de tipo ideológico (liberalismo-socialismo), prevalece atualmente a relação Norte-Sul, de tipo econômico e político. O confronto se dá entre o Norte rico, onde vivem apenas 17% da humanidade, e o Sul pobre, onde padecem 83% de carentes.

Quem escuta o seu grito? Com o recuo dos países socialistas dos foros internacionais, restam poucas caixas de ressonância para os reclamos de participação, eqüidade e justiça societária das nações pobres. Cada vez mais as religiões e as Igrejas são chamadas a serem os lugares naturais de protesto mundial contra a injustiça das relações internacionais e contra os descalabros produzidos pela homogeneização do espaço dos ricos e pela voracidade do capitalismo mundial integrado.

Se as Igrejas e religiões se mantiverem cinicamente distantes desse drama, mais preocupadas com sua ordem interna, correm o risco de atraiçoar a natureza da própria experiência religiosa – que é sempre solidária e sedenta de justiça –, de perder credibilidade e desperdiçar a relevância que sempre detiveram na história.

A questão principal reside nisto: até que ponto as igrejas cristãs são capazes de apoiar os movimentos libertários dos pobres, que têm nos pobres mesmos o sujeito de sua própria libertação? A Igreja romano-católica, devido à sua aculturação latina, seu forte centralismo e organização piramidal do poder, supera com dificuldade a perspectiva paternalista e assistencialista. Até hoje não é clara a posição do Vaticano com relação a essa questão. Apóia os pobres, desde que não assuma a via revolucionária, ou somente na medida em que a Igreja mesma seja a condutora do processo de libertação. Nesse caso, ou fica na perspectiva reducionista de uma libertação apenas religiosa e espiritual no sentido dualista da tradição greco-romana ou se mantém no paternalismo tradicional da prática histórica da Igreja, que, na verdade, nunca resolveu o problema dos pobres.

Os novos movimentos religiosos correm o risco de passar ao largo da questão da justiça societária. A vivência do religioso e do místico é tão absorvente que acaba se bastando a si mesma, inundando todo o horizonte de compreensão, sem a capacidade de articulação com as demais instâncias da realidade. O místico pode degenerar-se em mistificação, e o religioso, em evasão para o privado ou grupal, sem assumir parte da responsabilidade social na construção da justiça ou de uma relação ecológica justa.

A desumanização da qualidade de vida em nível mundial desafia todas as religiões. Será seu teste de autenticidade o posicionamento solidário e libertário que elas assumirem diante dessa anti-realidade. Tempos religiosos foram tempos revolucionários. O místico não é alguém desgarrado da história, mas comprometido com sua transformação, a partir do seu cerne de sentido transcendente e da utopia que ele, como religioso, intui melhor e mais do que ninguém.

Não cremos num movimento religioso ou místico satisfeito consigo mesmo. Ele, por excelência, deve ligar e religar todas as coisas – o mundo com Deus, o consciente com o inconsciente, o mergulho na própria interioridade com a vigilância do curso do mundo, a pureza da mente com a justa ordem das relações societárias. Quando ele for a consciência mais alta do sentido global dos acontecimentos, quando for a indignação mais forte contra as perversidades do poder, quando for a sede mais insaciável de vida e de liberdade, quando for o elo mais forte que une a fome de Deus com a fome de pão, então poderemos dizer: estamos diante do sacrossanto, do verdadeiro testemunho da presença do Supremo, que nos visita e mora entre nós.

5. O religioso e os desafios da ciência e da tecnologia

A maioria dos movimentos religiosos contemporâneos ou é pré-moderna (e então não se propõe a questão da ciência e da tecnologia), ou já realizou a ruptura da modernidade (e inclui em sua reflexão a questão da ciência e da tecnologia). Embora, normalmente, não tematizem a crise da razão instrumental, tais movimentos, nas sociedades industrializadas, situam-se na atmosfera que já supõe a ultrapassagem do messianismo científico e a assunção do projeto da razão no interior de uma totalidade mais orgânica, integrada com a vida e sua lógica. Nesse sentido, são novos e alternativos, não mais modernos.

As igrejas históricas se debatem entre a fidelidade à própria tradição formulada numa dicção pré-moderna e a busca de uma resposta às questões modernas e novas desse tempo de profundas mutações culturais.

A Igreja Romano-Católica, por exemplo, reconciliou-se, a partir do Vaticano II (1962-1965), com o saber crítico e científico da Modernidade. Reconheceu a legítima autonomia da ciência. Mas nota-se uma constante nos pronunciamentos da hierarquia, em particular dos últimos papas: a prioridade absoluta do humano sobre a lógica da ciência e da técnica, que visa cada vez mais ao saber e ao poder como formas de prevalência de umas nações sobre outras e de controle da política e da riqueza mundial. Ciência e técnica são vistas como capital humano acumulado ao suceder das gerações, algo essencialmente social. Por isso, não pode ser monopolizado, como ocorre hoje, pelas nações industrializadas, para garantirem os níveis de acumulação e a hegemonia na condução dos destinos da História, com exigência de adesão e submetimento de nações e povos. Importa desenvolver um projeto ético de solidariedade internacional e de promoção e defesa da vida que possa limitar a voracidade da ciência e da técnica e garantir a sobrevivência do criado.

Nesse afã, a reflexão católica baseia-se fortemente em uma compreensão singular da lei natural. Esta lei, segundo a doutrina da Escolástica, assumida pela Hierarquia, é o reflexo da lei eterna no seio de cada criatura e no coração do ser humano. Cada pessoa deve descobri-la pela inteligência e abraçá-la pela vontade. É convicção dessa teologia que o ser humano, por uma dinâmica intrínseca, é levado a buscar o ser, sua verdade, sua lei interior e o supremo Ser. Por isso ele é, por natureza, um ser ético. O pecado, entretanto, fez perder a ordem sobrenatural e mutilou a ordem natural. Entregue a seu próprio esforço, consoante ainda essa compreensão, o ser humano não consegue ler a lei natural – ele está obscurecido. Foi então que Deus, por misericórdia, deu-nos a revelação sobrenatural, consignada nas Escrituras, e instituiu o Magistério Eclesiástico como intérprete autêntico tanto da revelação natural quanto da revelação sobrenatural. Somente ele, sem margem de erro substancial, pode ler e interpretar a lei natural. Por isso, o Magistério se entende como detentor absoluto da verdade ética para todos os seres humanos, e não apenas para os batizados.

Em nome dessa pretensão, baseada, conforme se crê, na própria revelação, reivindica a Igreja Romano-Católica interferir nas decisões éticas da sociedade e fazer com que sua visão seja aceita por todos. Uma vez que essa visão, como se acredita, está baseada na lei natural, presente em todos, ela deve ser universalmente compreensível a todos e, por isso, deve ser respeitada por todos também.

A Igreja entende prestar um serviço de leitura correta daquilo que a todos interessa e que pode garantir o bem-estar e a felicidade comum. Daí compreender-se por que a Igreja Magisterial se sente no direito de interferir poderosamente nas questões do aborto, da natalidade, dos meios de planificação da reprodução humana, nos experimentos da bioética – concepção *in vitro*, fecundação artificial heteróloga, transplante de órgãos, manipulação do embrião humano. Trata-se, segundo ela, da salvaguarda da ordem querida por Deus sobre sua criação.

Não são poucos os teólogos católicos que questionam esse conceito de lei natural e a pretensão ao monopólio da verdade ética. Não parece coordenar-se coerentemente com a mensagem de Jesus, que mostrava respeito absoluto à liberdade humana. Antes, essa visão eclesiástica pressupõe uma imagem de Deus autoritário, desconfiado do homem e da mulher, receoso da autonomia humana e do amor. Tal imagem de Deus está a quilômetros de distância da imagem que Jesus nos comunicou do Pai materno e de infinita bondade.

Por fim, tal conceito de lei natural não deixa espaço suficiente para a liberdade humana querida por Deus, de acordo com a qual o ser humano prolonga o ato criador de Deus, administrando a natureza e transcendendo-a. O ser humano passa de modo contínuo de uma situação existencialmente dada por seu nascimento e pela cultura ambiente (por natureza) a uma situação que ele cria com sua liberdade, mediante a qual ele se define a si mesmo e plasma o mundo. Somente nessa liberdade o ser humano se torna ele próprio.

Além disso, importa considerar que a natureza está sempre em processo. Ela nunca está pronta. Está aberta ao futuro de Deus e aos enriquecimentos da evolução. De acordo com a Bíblia, a verdade da natureza não é tanto o que ela é, nesse estágio, mas aquilo que ela é chamada a ser no plano de Deus, que progressivamente vai-se realizando na história por sua própria força interna e pelas intervenções do ser humano.

Bom, nessa ótica, é tudo o que permite desabrochar a pessoa, para a sua profundidade e para a abertura ao outro universal. Mau é o que tolhe a comunicação consigo mesmo e com os outros, impede o dom de si e o amor, por uma prática egoisticamente autocentrada e excludente dos outros. O ideal ético, portanto, não está na situação dada (natureza), mas na situação ideal a que se deve chegar, transformando a situação dada, pois este é o desígnio do Criador. Somente no termo da história valem as palavras proféticas: "E Deus viu que tudo era bom." (Gn 1, 25)

Se confrontarmos a posição official católica com as chaves culturais latinas analisadas por Hofstede, percebemos que a Igreja Católica Romana, na questão ética, é enormemente centralista, pouco disposta a acolher novidades e, não raro, principialista, sem atender aos processos históricos que revelam potencialidades antes ignoradas da natureza. A afirmação sobre a imutabilidade da lei natural é antes devedora da arcaica cosmologia pré-moderna que uma reflexão atenta sobre o desígnio de Deus (eis que faço novas todas as coisas) acerca de sua criação. A pretensão ao monopólio da verdade ética deve ser tributada antes à ideologia do poder absoluto, que o papa e a Hierarquia acumularam historicamente (cujos passos podem ser reconstruídos com precisão), do que à vontade divina que visa sempre à participação e à promoção da liberdade. As demais denominações cristãs, inclusive a ortodoxa, que é a mais próxima da romano-católica, não lêem, nessa forma imperial, os textos das Escrituras cristãs. O que vem confirmar o caráter singular e ideológico da leitura romano-católica.

As Igrejas saídas da Reforma, em princípio, situam-se na Modernidade porque surgiram na mesma época em que se formulou a modernidade. Elas sempre viram no processo científico-técnico uma realidade positiva de autonomização do ser humano na história, libertando-o para Deus em gratuidade, e, por isso, estão muito mais abertas às novidades. A base ética não reside numa pretensa lei natural imutável, mas na esperança no Reino de justiça, de integridade da criação e de paz, anunciado por Jesus e que, lentamente, vai se antecipando na história. Tudo o que faz avançar esse Reino fundamenta a bondade ética.

Hoje se delineiam, *grosso modo*, no âmbito do projeto científico-técnico, duas grandes tendências, diante das quais as Igrejas e as religiões têm tomado decisiva posição, a partir de sua própria compreensão da totalidade real.

Um primeiro grupo tende a levar até as suas últimas conseqüências as possibilidades que a racionalidade aplicada à natureza propicia. A ciência e a técnica, particularmente a pesquisa nuclear, a física de ponta, a cibernética e a biotecnologia, podem interferir de tal maneira no código genético e nas transformações da natureza que se habilitam a resolver os graves problemas da infra-estrutura humana. Surge aí um verdadeiro messianismo tecnocrático. Será possível, diz-se, oferecer a todos alimentação, casa, saúde e lazer de forma mais que abundante. Com isso, seriam atendidas as necessidades básicas do ser humano, cuja não-satisfação tanto fez padecer a humanidade e permitiu o surgimento de revoltas, violências e processos onerosos de libertação. A libertação tão suspirada viria pelo novo messias da ciência e da técnica.

As Igrejas e as religiões reconhecem a importância da ciência e da técnica para a satisfação das necessidades humanas e para a promoção da vida. Entretanto, distanciam-se da solução providencialista e assistencialista que tal messianismo propõe. Ele garante a sobrevida (dá o pão), mas não promove suficientemente a vida (participação na produção do pão). O ser humano não é apenas um ser de carências; é também um ser de liberdade; que lhe permite pesar os prós e os contras, decidir-se e assumir até, à custa de interesses pessoais, a posição do outro.

Ele não tem só fome de pão, que é saciável. Tem também fome de beleza, que é insaciável, como dizia o poeta cubano Roberto

Retamar. A lógica da vida não se ordena apenas à própria reprodução, mas à criatividade, à comunicação e à comunhão. O ser humano não se sente humano sendo somente objeto da beneficência pública ou alheia; ele quer participar e ajudar a construir, como sujeito, uma história coletiva e pessoal. Importa, então, criar, mediante a ciência e a técnica, formas de participação humana em todos os níveis. Esse é o processo que humaniza.

A segunda tendência considera-se já na nova fase holística, ecológica e espiritual. Submete a uma poderosa crítica a razão instrumental, que hoje se transformou num verdadeiro "satã da Terra", pois ameaça a natureza de destruição. A *hybris* de sua lógica deve ser limitada à medida que é inserida em um todo maior, em que se reconhecem várias portas do conhecimento. Este não será apenas científico, mas também místico e simbólico. Ao participar dessas várias formas de conhecimento e de realização de si mesmo, o ser humano se integra no todo, e harmoniza-se e transforma-se efetivamente no jardineiro e no sumo sacerdote da criação.

As religiões ajudam as culturas a tomar a reta posição – esta última – nessa momentosa problemática, cujas conseqüências podem ser dramáticas ou bem-aventuradas para toda a humanidade.

6. O religioso e os desafios da ecologia: o reencantamento da natureza

As reflexões precedentes nos transportam para o cerne da questão ecológica. Não podemos mais viver com o paradigma da modernidade, que é o saber como dominação da natureza e também de outros povos e culturas. Como se dizia na VIII Assembléia do Conselho Ecumênico das Igrejas, em Camberra, em 1990, ao tratar da ecologia e da crescente marginalização do Terceiro Mundo: "O propósito da tecnologia será trabalhar *com* a natureza e seus mistérios, e não dominá-la." (Relatório final da Assembléia, 1, 21)

As Igrejas foram cúmplices da mentalidade que levou à atual crise mundial da biosfera. Elas não foram suficientemente críticas e não articularam, como contrapeso, sua própria bagagem teológica que permitia uma relação de respeito e veneração para com o criado. Citando ainda a Assembléia de Camberra: "Quanto mais a teologia insistia sobre a transcendência de Deus e sobre sua distância do mundo material, mais a Terra era entendida como um simples objeto de exploração humana e uma realidade 'não espiritual'." (Relatório final, 1, 13)

Na verdade, todas as religiões e, no nosso espaço hegemonizado pelo cristianismo, as Igrejas devem dar a sua contribuição para a construção e a educação de uma nova aliança do ser humano com a natureza.

Todos os seres, dos mais singelos aos mais complexos, formamos um todo orgânico. Religiosamente falando, todos saímos do mesmo ato amoroso do Criador. Por isso há uma fraternidade e sororidade fundamental entre todos os seres. Todos carregam em si traços das mãos divinas que os plasmaram, mesmo que seja pela via da evolução. Por isso, os seres são sacramentais. Além de alteridades relacionais, eles são símbolos de uma Presença que habita o Universo. Como já consideramos, essa Presença nomeia-se hoje como o Espírito na criação.

A mística ancestral já intuía: "O Espírito habita a criação e renova a face da Terra." Ou como testemunhava um dito místico do Oriente, que me permito enriquecer: "O Espírito dorme na pedra, sonha na flor, acorda no animal, sabe que está acordado no homem" e sente que está acordado na mulher.

Aqui se professa uma experiência de plenitude. A realidade não é vazia. Nem a divindade está longe dela em sua esplêndida transcendência. Ela se dá numa profunda imanência fazendo com que por meio de todos os seres chegue à sua transparência. Essa transparência é obscurecida pela agressão que um ser da criação – o ser humano – move contra os demais seres e de forma trágica contra seus próprios semelhantes. Por isso, junto com a justiça ecológica – o respeito à alteridade dos seres e ao seu direito de continuar a ser – deve vir sempre a justiça societária – o respeito e a veneração para com os humanos e a superação das opressões que se verificam nas relações sociais.

A nova aliança que o ser humano deve estabelecer com a natureza precisaria passar, primeiramente, por seu coração. Aí estão as raízes das agressões que rompem o acordo originário entre todos os seres. O instinto de posse e a vontade de poder podem ganhar a mão. O desejo é insaciável. Interressa impor-lhe limites, por amor ao desejo dos outros e em prol da sobrevivência de todos. Talvez a grande lição ecológica do budismo e do caminho ascético cristão resida exatamente nisso: "Precisamos aprender a limitar coletivamente nossos desejos." Isso constitui o desafio para toda a ecologia profunda do coração humano. Reconciliado consigo mesmo (ecologia mental), o ser humano pode, sem coerção, conviver com seus semelhantes (ecologia social), e também com todos os demais seres (ecologia ambiental), realmente como irmão e irmã. Prevalecerão o respeito e a veneração que irão promover uma nova era, com chances de ser mais feliz para todos (cf., Guattari, *As três ecologias*).

Se a modernidade trouxe em seu bojo o desencantamento do mundo, reduzido a material de experimentação humana e de interferência da razão tecnocrática, em seu afã de dominar e acumular benefícios materiais, hoje, na nova era histórica, caracterizada pela percepção da totalidade, diferenciada, orgânica, masculina-feminina e espiritual, importa recuperar o encantamento do mundo.

O reencantamento não emerge de forma voluntária: surge quando alargamos nosso horizonte para além daquele da racionalidade moderna, e nos damos conta, pelo conhecimento simbólico e místico, de que o mundo é portador de uma mensagem e de um mistério. Esse mistério tanto é entrevisto pelos cientistas que chegam aos limites do conhecimento da matéria, da energia e da vida, quanto é experienciado pelos místicos orientais e ocidentais que o vêem como um sistema de energias sempre em relação e interação, movimento e integração, remetendo ao Espírito Supremo que tudo penetra, vivifica e transparenta.

Os cristãos dizemos que o Cristo cósmico está fermentando em toda a massa do Universo, conduzindo a totalidade para o ponto ômega de Deus. E o Espírito Santo habita a criação, dando-lhe movimento e vida, empurrando-a e atraindo-a para a suprema síntese no Reino da Trindade. As realidades não deixam de ser o que são. Mas, pela presença do divino nelas, fazem-se sinais, símbolos e sacramentos do Mistério que as habita – mistério vital, amoroso e comunial.

7. Conclusão: A mensagem eterna do religioso: há sempre o outro lado

E. Durkheim concluía seu famoso texto sobre "as formas elementares da vida religiosa" ao asseverar: " Existe, pois, na religião algo de eterno que é destinado a sobreviver a todos os símbolos particulares, nos quais o pensamento religioso sucessivamente se expressou." (*Il y a donc dans la religion quelque chose d'éternel qui est destiné à survivre à tous les symboles particuliers dans lesquels la pensée religieuse s'est succesivement enveloppée*). Sim, o religioso possui algo de eterno. Por isso ele nunca desaparece. Ele está sempre presente. Também na Modernidade. Só que sob a forma de eclipse solar. Durante um eclipse, o Sol não morre. Apenas se oculta aos nossos olhos. Mas ele continua presente atrás da sombra.

A ausência de Deus era, quiçá, uma forma de presença diferente, por meio da própria criatividade do ser humano, que pôde, assim, se afirmar. O mito cristão da criação sempre acreditou, contrariamente ao mito grego de Prometeu, que o ser humano foi criado criador, para prolongar o ato criador de Deus e moldar, com a responsabilidade de um filho, a criação com criatividade e liberdade. No *Homo sapiens et faber* está presente Deus. Ele não aparece em si mesmo; aparece por trás e dentro da ação criadora e livre do ser humano. Aqui reside o valor teológico do desencantamento e secularização do mundo; como dissemos, pelo retraimento de Deus é possível a visibilidade do ser humano como ator histórico.

Hoje verificamos um novo advento do religioso. Ele não se esconde. Nem tem vergonha de se anunciar como religioso e místico. Tal afirmação não é uma regressão ao mundo pré-moderno e das culturas agrárias. É a afirmação que inaugura um novo tempo, depois daquele da modernidade, tempo de integração de todas as dimensões do humano e do cósmico no interior de uma totalidade viva, cambiante, orgânica, espiritual e mística: a criação e a natureza num imenso processo de evolução. Deus não aparece como competidor do ser humano; Deus não precisa mais ocultar-se para dar-lhe visibilidade. Agora convivem, Deus e ser humano, em mútua aceitação.

O religioso e o místico testemunham o outro lado da criação e da natureza, a presença da divindade. Ela não está fora dessa totalidade. A ela pertence, sendo o seu outro lado, o seu mistério e a sua raiz secreta. Dizer sempre isso, em mil dicções diferentes, nos códigos culturais de cada tempo é o eterno da religião. Vivenciá-lo de forma articulada com a totalidade das experiências e com a totalidade do real revela o fator humanizador e libertador do religioso.

Malraux disse certa vez: "Ou o século XXI será religioso ou não será." O fenômeno da volta do religioso e do místico aponta-nos para esta convicção: o século XXI será. Oxalá com as realidades com as quais sonham as religiões: justiça, paz, benquerença, acolhida do diferente, perdão, convivência dos contrários, unção e amor entre os humanos e para com Deus.

REFERÊNCIAS BIBLIOGRÁFICAS

A. J. HESCHEL, *Deus em busca do homem*, São Paulo, Paulinas, 1975.

D. ZOHAR, *O ser quântico. Uma visão revolucionária da natureza humana e da consciência baseada na nova física*, São Paulo, Best Seller, 1991.

E. DURKHEIM, *Les formes élémentaires de la vie religieuse*, Paris, PUF, 1968.

F. GUATTARI, *As três ecologias*, Campinas, Papirus, 1989.

G. HOFSTEDE, *Culture's consequences. International differences in work related values*, Hills, Londres, Nova Délhi, 1984.

G. KEPEL, *La revanche de Dieu. Chrétiens, juifs et mussulmans à la reconquête du monde*, Paris, Seuil, 1991.

H. ASSMANN, *A Igreja eletrônica e seu impacto na América Latina*, Petrópolis, Vozes, 1986.

J. M. VELASCO, *La religión en nuestro tiempo*, Salamanca, Sigueme, 1978.

L. BOFF, "Os pobres como baricentro de uma possível política mundial", *Vozes*, n. 85, 1991, p. 438-51.

L. WITTIGENSTEIN, *Schriften I*, Frankfurt, Suhrkamp, 1969.

M. LUYCKX, *Religions & éthique après Prométhée. Positions éthiques des religions face à la science et la technologie*, Bruxelas, 1991.

P. A. WEIL, *A consciência cósmica*, Petrópolis, Vozes, 1978.

________. *Holística: uma nova visão e abordagem do real*, São Paulo, Palas Athena, 1990.

P. BERGER, *Um rumor de anjos. A sociedade moderna e a redescoberta do sobrenatural*, Petrópolis, Vozes, 1973.

R. ALVES, *O enigma da religião*, Petrópolis, Vozes, 1975.

R. RUYER, *A gnose de Princeton*, São Paulo, Cultrix, 1989.

VÁRIOS AUTORES, "A persistência da religião", *Concilium*, Petrópolis, Vozes, n. 81, 1973.

Capítulo III

O QUE É UMA DEMOCRACIA ECOLÓGICO-SOCIAL

Já nos primórdios da filosofia política grega se sabia que não basta discutir acerca das distintas formas de governo de uma sociedade (monarquia como governo de um só; aristocracia como governo dos melhores; democracia como governo das maiorias). Importa decidir acerca da melhor forma de convivência e de governo. Para essa decisão, faz-se necessário compreender a natureza da sociedade.

A sociedade não é uma coisa, mas uma rede de relações entre as pessoas, suas funções, coisas e instituições. Dessas relações emergem, impreterivelmente, questões de responsabilidade, vale dizer de respectividade, daquilo que diz respeito a uns e a outros. É daqui que surge a ética.

A ética se dá nas relações que o ser humano entretém nas mais variadas direções. Além da responsabilidade, ela se preocupa também com o mundo das excelências; por isso o imperativo ético alcança para além de qualquer concretização factual; ele possui um nítido caráter utópico. As práticas são boas ou más na medida em que se aproximam ou se afastam do utópico. Então, ético-politicamente, importa indagar: entre as várias formas de governo qual é a *melhor*?

Nesse contexto de interesse, apreciou-se a democracia como sendo a forma melhor de organização da sociedade. O pressuposto básico é este: o que interessa a todos deve poder ser pensado, discutido e decidido por todos. Ora, o bem-viver social interessa a todos. Por isso, todos devem poder participar na sua formulação e construção. Democracia, fundamentalmente, significava a construção comum do bem comum.

1. Várias formas históricas de democracia

Da história se conhecem várias formas de realização da democracia, combinada com vários regimes de governo (monarquia constitucional, parlamentarismo, presidencialismo etc.).

A primeira é a democracia *direta*. A própria sociedade organiza-se democraticamente na medida em que todos os cidadãos participam de modo direto da elaboração das decisões. Foi vivida em Atenas somente por um terço da população livre; o outro terço era constituído por escravos e mais um terço por artesãos e forasteiros. Portanto, dois terços excluídos da vida democrática. Essa forma de democracia pressupõe relativamente um pequeno número de pessoas para que todos possam viver um "frente a frente" e constituir a imediateza da participação. Hoje a democracia direta é vivida na Europa, na confederação suíça, e em pequenas comunidades, como as eclesiais de base, ou em certos movimentos populares. Fora do pequeno grupo é desafiador realizar a democracia direta. Apesar disso, ela se mantém como referência utópica da democracia fundamental.

A segunda é a democracia *representativa*. A democracia é uma forma de organizar o Estado como centro de decisão da sociedade. Os cidadãos elegem representantes, pelo voto, para que estes os representem nas diversas instâncias do poder. É uma democracia indireta. O povo participa diretamente apenas no momento de votar ou ao se fazer um plebiscito. De resto, seus representantes fazem a política cotidiana. Numa sociedade de classes, essa democracia representativa mostra-se muito imperfeita. As classes mais poderosas, especialmente a dominante, têm condições econômicas, ideológicas e políticas de eleger seus representantes. Estes vão defender, fundamentalmente, embora não de modo exclusivo, os interesses de sua classe.

A terceira é a democracia *participativa* ou *social*. Além dos representantes, a sociedade se organiza de tal forma que outros corpos sociais participam das decisões – como os sindicatos, as associações de caráter nacional, a Ordem dos Advogados, as Igrejas, os organismos de direitos humanos, as universidades etc. Aqui socializam-se os meios do poder e, assim, a democracia ganha um caráter mais cotidiano e dinâmico. O efeito é o crescimento do sentido da responsabilidade social dos cidadãos, como sujeitos da sociedade e co-construtores da história comum.

A quarta é a democracia *como valor universal*. Ela resulta do exercício bem articulado da democracia participativa. A democracia emerge aqui como um valor a ser vivido não somente na instância da política (como relação de poder), mas em todas as esferas humanas: na família, na relação mais igualitária entre marido, mulher e filhos; na escola, como comunidade de aprendizado, ao superar a divisão entre educador e educando; nas igrejas e nos grupos sociais, tais como associações de moradores, clubes de mães, núcleos sindicais e partidos políticos. Para que haja nesses lugares a democracia, devem prevalecer a pedagogia de baixo para cima e o propósito de ouvir a todos que quiserem se comunicar e, por fim, desenvolver uma atitude fundamental de acolher o diferente, ouvir o que ele tem a dizer, incorporar elementos novos que surgem, manter uma atitude de sempre estar aberto a dar a sua colaboração e a deixar-se corrigir e ensinar pelos outros. Desse exercício permanente é gerada uma cultura democrática.

A democracia como valor universal remete para o valor singular de cada pessoa humana. Ela é sujeito com direitos inalienáveis. O cidadão pode contar com o respeito à sua subjetividade como pessoa, como sexo, como cultura e como ideologia ou religião. Mediante a solidariedade impede-se que as diferenças naturais e históricas sejam tratadas como desigualdades. Desse comportamento resulta uma sociedade tendencialmente mais igualitária no que diz respeito ao reconhecimento dos direitos e das liberdades, e por isso, com a possibilidade de uma taxa de conflito social menor.

2. O que é uma democracia ecológico-social

Junto a essas várias formas de democracia, está surgindo atualmente uma nova forma de vivência democrática, seja como valor universal, seja como forma mais integradora de organizar uma sociedade: a democracia ecológico-social.

Vivemos atualmente um estágio mais alto de consciência universal, pois cada vez mais nos damos conta, coletivamente, da questão ecológica. A ecologia trata das relações dos seres entre si e todos eles com o seu meio ambiente. Todos estamos interessados na qualidade da vida. Sofremos com a ameaça que pesa sobre todo o nosso planeta – a de ser destruído por um cataclismo nuclear. Pesa-nos o fato da agressão sistemática da natureza, com o desaparecimento de espécies vegetais e animais. Desola-nos o cinturão de miséria que circunda nossas cidades.

Todos esses dados têm ligação com a questão ecológica. E isso não é alheio à nossa compreensão de democracia. Daí a razão da busca de uma democracia que não seja apenas participativa e social, mas também ecológica.

Os movimentos ambientalistas, conservacionistas e ecológicos deixaram de ser movimentos à parte de outros movimentos, como os únicos a levantar a bandeira da ecologia. Hoje, eles se compõem com o movimento social. Cada vez mais a dimensão ecológica perpassa todos os movimentos. Assim como, a partir da década de 1960, as ciências do social e do humano constituíam a mediação necessária para compreender e conferir eficácia às atividades políticas, atualmente, a ecologia constitui uma mediação imprescindível para cada saber e cada prática social poderem dar a contribuição que se espera no sentido de garantir a integridade do criado, principalmente a salvaguarda da vida – a começar pela mais ameaçada.

A ecologia exige de nós, em primeiro lugar, a superação do *antropocentrismo*. Este se apresenta muito arraigado em nossa cultura ocidental. Sempre de novo vem reafirmado por certo tipo de interpretação da tradição religiosa judaico-cristã acerca do ser humano como senhor da criação e rei do Universo. Acredita-se que ele é o centro de tudo, que todos os seres se destinam aos humanos. Que por intermédio do ser humano as criaturas encontram sentido e louvam a Deus. Que todas as criaturas estão à mercê dos seres humanos, homens e mulheres, para serem usadas, dominadas e, eventualmente, exploradas.

A compreensão da realidade que subjaz ao projeto científico-técnico da modernidade confirma a mesma vontade de dominação. Descartes, Galileu Galilei, Newton e Bacon ensinaram-nos que saber é poder e que poder é dominar, vale dizer, desenvolver a capacidade de colocar todos os seres e suas forças como escravos a nosso serviço, como, aliás, escreveu Descartes.

Essa compreensão consagrou e reforçou a violência e a agressão que, já nos primórdios da modernidade (ver a invasão da América Latina, em 1492), foram praticadas contra a natureza. Ela está presente no modelo de desenvolvimento que então se elaborou e que persiste até os dias de hoje. Ele é o maior e o mais poderoso mito do consciente e inconsciente coletivo da humanidade: o desenvolvimento econômico ilimitado, sem consideração dos custos ecológicos, tais como a quebra dos ecossistemas, a poluição da biosfera, a pilhagem dos recursos naturais não-renováveis (combustíveis fósseis) etc. Esse modelo de agressão à natureza foi desdobrado em agressão a povos mais débeis e a culturas militarmente mais fracas. Os povos latino-afro-americanos, por exemplo, foram colonizados e até escravizados, e as culturas foram desestruturadas e, em muitos casos, destruídas. Além da América Latina, também a África e a Ásia foram vítimas da agressão dos países europeus, nos quais se elaborou o projeto da modernidade. Trata-se de uma mesma vontade de sujeição e avassalamento que engloba os seres humanos e a natureza.

A partir disso, a reflexão ecológica nos ajudou a entender que o ser humano é parte da natureza e da biosfera. Ele não é o centro do Universo. Ele está numa profunda comunhão com todos os outros seres. O que o caracteriza não é um privilégio biológico. É o fato de ser um ente moral. Isso significa que ele pode tomar decisões livres; pode acolher assim como pode destruir os outros seres; pode agir para além de seus próprios interesses e mostrar-se desinteressado a ponto de assumir a causa do outro, na perspectiva do outro; ele pode tomar para si a responsabilidade da preservação da natureza e promover todo tipo de vida, particularmente a vida dos oprimidos.

As pesquisas mais modernas em biologia e etologia mostram que a lei que comandou o processo da constituição dos ecossistemas não foi a luta pela sobrevivência do mais forte (Darwin), mas um imenso processo sinergético, baseado na colaboração e na solidariedade entre os seres (J. Lovelock, D. Sagan).

O ser humano não pode negar suas raízes cósmicas e a sua imbricação com os conglomerados de bactérias e vírus que estão nele e que existem há quatro bilhões de anos. Sua psique tem milhões e milhões de anos e é habitada por arquétipos ancestrais, com suas raízes nas experiências vitais que remontam aos primeiros ensaios de vida na Terra, há 450 milhões de anos. Ele não está no meio da criação em atitude senhoril, como Adão, que dá o nome a todas as coisas e assim as possui, mas numa atitude servicial de pastor e zelador dos seres, responsável por sua integridade, utilizando-os somente na medida de suas necessidades humanas, que, como humanas, comportam sempre certa superabundância e gratuidade. Esse é o sentido genuíno da passagem bíblica do ser humano como imagem e semelhança de Deus. Como filhos e filhas, e não como déspotas, prolongam o ato criador de Deus, cultivando a natureza, melhorando-a, desdobrando-a responsavelmente (como no caso da tecnologia genética), de forma que não somente Deus é criador, mas, por desígnio divino, também o ser humano.

O homem e a mulher são um fim e não um meio. Mas não são o fim último. Não há centro fixo, pois todos os seres podem constituir um centro. O que existe é um equilíbrio entre a vida e a morte e um jogo de relações que abraça a todos os seres, uns precisando dos outros para existir e subsistir. Todos somos pelos outros, com os outros e para os outros, constituindo a biosfera como grandeza integrada e integradora.

Em segundo lugar, faz-se mister reconhecer a *alteridade* de cada ser da criação. Cada ser, animado ou inanimado, possui um valor em si mesmo. Ele tem suas potencialidades e seus limites dentro de seu ecossistema. Para a inteligência e a afetividade humanas, cada ser constitui uma provocação de decifração da mensagem de vida, beleza e racionalidade que ele contém em si mesmo. Cada ser, em especial os seres vivos, merece ser reconhecido e também respeitado em sua *alteridade*. Ninguém tem o direito de agredir e destruir o que o imenso processo de evolução demorou bilhões de anos para construir. Tudo o que existe e vive merece existir e viver.

O fato de cada ser constituir-se em outro, diferente de mim, funda também uma exigência ética para mim. Somente o ser humano pode bendizer essa alteridade, conviver graciosamente com ela ou atropelá-la, e até perversamente destruí-la. Nisso reside sua responsabilidade ética. Existem os direitos do ambiente e uma justiça ecológica: tudo tem direito de continuar a existir, dentro do equilíbrio ecológico. A esse direito corresponde o dever do ser humano de preservar e defender a existência de cada ser da criação. É o que atualmente se chama *dignitas terrae*, a dignidade da terra como um todo.

Em terceiro lugar, cabe enfatizar a *reciprocidade* e a *complementaridade* existentes entre os seres. O equilíbrio ecológico supõe que os seres sejam recíprocos uns aos outros e se completem no todo. Ninguém se basta a si mesmo, muito menos o ser humano.

Necessitamo-nos mutuamente. O gesto protoprimário da cultura humana, segundo respeitáveis biólogos e antropólogos, não teria sido a utilização do instrumento tecnológico para garantir a subsistência individual, mas sim a co-divisão dos alimentos feitos pelos proto-hominídeos, num gesto de definição comunitária. Somos diferentes para podermos dar de nossa riqueza e entrar em comunhão com os outros. Distintos para podermos estar unidos.

Por fim, à luz do que refletimos, faz-se urgente entender as exigências de uma *ecologia social*. A ecologia social estuda os sistemas histórico-sociais humanos em interação com os sistemas ambientais. A história humana é inseparável da história de seu meio ambiente, dos tipos de relações que foram aí tecidos, num jogo dinâmico de mútuo envolvimento.

A ecologia social relaciona a injustiça social com a injustiça ecológica. O ser humano mais agredido é o pobre; sua relação social, que envolve os bens necessários à sua subsistência, vem distorcida pela exploração de sua força de trabalho. A pobreza revela-se pela falta de infra-estrutura à subsistência e à vida digna: águas contaminadas, ar envenenado, moradias insalubres, transporte poluidor e relações sociais de violência. Como o ser humano é parte do meio ambiente, a injustiça social caminha junto com a injustiça ecológica. Importa estabelecer uma justiça ecológica. Entretanto, sem um mínimo de justiça social torna-se impossível realizar a justiça ecológica, entendida em seu sentido pleno. Uma co-envolve a outra. Isso se percebe com a exigência que a ecologia social postula com referência à *solidariedade generacional*. As gerações pósteras têm o direito de herdar uma Terra conservada e uma biosfera sã. Os que vêm depois de nós, humanos e todos os seres da criação, têm um *direito ao futuro*.

Não nos é permitido destruir o que não criamos. Importa projetar um tipo de desenvolvimento que não apenas minimize os custos ecológicos, mas que seja adequado aos recursos da própria natureza-ambiente (a tese extrativista de Chico Mendes).

Por fim, no âmbito do direito do meio ambiente, devemos alargar o sentido da opção pelos pobres, que inclui também uma *opção pelos seres e espécies mais ameaçados*, a começar pelos humanos pobres; pelas culturas em extinção, como as dos caiapós, dos ianomâmis e outros, e, dentre os animais, o mico-leão-dourado, o uirapuru, o urso-panda, enfim, os milhares de espécies que estão desaparecendo (somente na Amazônia, calculava-se que cerca de 50 mil espécies de insetos, plantas e outros seres vivos desapareceriam até o ano 2000), sob o impulso devastador dos grandes projetos tecnológicos que agridem a natureza.

Nesse contexto, o que significa uma democracia ecológico-social? É uma democracia que aceita em seu seio, como cidadãos, não apenas os humanos, mas todos os seres da natureza, especialmente os seres vivos.

Uma cidade não é constituída apenas por cidadãos, edificações, ruas e serviços públicos. Na cidade e ainda muito mais no campo existem árvores, água, pedras, montanhas, animais domésticos, passarinhos, chão de terra, ar, estrelas no firmamento, que temos o direito de contemplar, caso não haja poluição atmosférica.

Como não seria pobre a convivência humana sem tais realidades tão carregadas de sentido simbólico porque ocupam nosso imaginário e habitam nossa profundidade na forma de valores e arquétipos inspiradores! Bem escreveu C. G. Jung:

> Todos nós precisamos de alimento para a psique; é impossível encontrar esse alimento nas habitações urbanas, sem uma única mancha de verde ou uma árvore em flor; necessitamos de um relacionamento com a natureza; precisamos projetar-nos nas coisas que nos cercam; o meu eu não está confinado ao corpo, estende-se a todas as coisas que fiz e a todas as coisas à minha volta; sem essas coisas não seria eu mesmo, não seria um ser humano. Tudo o que me rodeia é parte de mim.

Portanto, todos os seres são também cidadãos, sujeitos de direitos – de serem respeitados como outros em sua alteridade, em sua existência, em sua vida, em sua comunhão conosco e com o nosso destino, e em seu futuro, o qual pode até independer de nós.

Para que essa nova mentalidade comece a vigorar é urgente desenvolver uma atitude de veneração, respeito, compaixão, fraternidade-sororidade, ternura e fraternura para com toda a criação em sua dimensão de infinitamente grande, infinitamente pequeno e infinitamente complexo.

Há uma exigência política de uma educação ecológica, para que os seres humanos aprendam a conviver com todos os seres, animados e inanimados, como cidadãos de uma mesma sociedade. É a democracia ecológico-social-cósmica. No dia em que ela prevalecer, o ser humano terá alargado as dimensões de seu horizonte, engrandecido seu coração pela sensibilidade, aprofundado seu conhecimento, não como dominação, mas como forma de comunhão e participação no sentido da existência do outro, e terá moldado sua vontade como potência de colaboração para a vida e de serviço a tudo o que for frágil e ameaçado de desaparecer. Ele vibrará com todo o Universo. Pelo fato de terem, em grande parte, desaparecido as razões para temer, o ser humano se sentirá livre e liberto para ser feliz, em comunhão com todos os seres, concidadãos do mesmo planeta e irmãos e irmãs na mesma aventura cósmica, sob o olhar paternal e maternal de Deus.

REFERÊNCIAS BIBLIOGRÁFICAS

C. Boff, *Cartas teológicas sobre o socialismo*, Petrópolis, Vozes, 1989.

C. Lefort, *A invenção democrática*, São Paulo, Brasiliense, 1983.

D. Held, *Modelli di democrazia*, Bolonha, Il Mulino, 1989.

D. L. Rosenfield, *O que é democracia*, São Paulo, Brasiliense, 1984.

E. Sciacca, *Interpretazione della democracia*, Milão, Giuffrè, 1988.

F. Capra e C. Spretnack, *A política dos verdes*, Milão, Feltrinelli, 1986.

H. Souza, "Os cristãos e a democracia". *in*: Vários autores, *Cristãos, como fazer política*, Petrópolis, Vozes, 1989. p. 115-20.

M. Chaui, *Cultura e democracia*, São Paulo, Brasiliense, 1981.

M. Montanari, *La libertà e il tempo. Osservazioni sulla democrazia tra Marx e Gramsci*, Roma, Reuniti, 1991.

R. Crema, *Introdução à visão holística*, São Paulo, Summus, 1988.

Vários autores, "Ecologia e comportamento humano", Petrópolis, Vozes, jan.-fev. 1979.

Vários autores, "Meio ambiente". *in Tempo e Presença*, Rio de Janeiro, n. 261, 1992.

SEGUNDA PARTE

PROCESSO DE MUNDIALIZAÇÃO E TEOLOGIA DA LIBERTAÇÃO

Mundialização. Hoje os problemas estão se dilatando a dimensões mundiais. Por isso também as soluções deverão ser mundiais. Essas serão, cada vez mais, fruto de um imenso processo de socialização e democratização que incluirá uma dimensão espiritual e cósmica. Para que isso suceda, precisamos de uma nova revolução e de uma nova esperança. Os portadores dessa nova esperança são as vítimas do atual sistema de convivência que privilegia a acumulação e o crescimento quantitativo à custa da marginalização e até exclusão de dois terços da humanidade. Os empobrecidos e marginalizados possuem essa missão histórica de manter vivo o sonho de uma humanidade benevolente, justa e solidária. Mais que mundializar o mercado, a ciência e a técnica, importa mundializar aquelas aspirações, projeções e vinculações que criam os requisitos para o grande salto para a frente, unindo a Terra e seus seres numa imensa democracia socioecológica, num único destino comum.

Teologia da libertação. É a teologia dos oprimidos e marginalizados que já não aceitam mais viver na indignidade. Nasceu de uma experiência espiritual, testemunhada pelas Escrituras, segundo a qual se percebe o estreito vínculo existente entre Deus, o grito dos sofredores e a libertação. Deus é Deus da vida. Toma partido daqueles que gritam por vida, pois estão sofrendo sob a opressão. Deixa sua transcendência e se imiscui na história para libertar. Essa experiência denuncia um pacto que se armou com aqueles setores das religiões, em especial o cristianismo ocidental, que sustentam um vínculo estreito entre Deus, os poderosos e a obediência. Segundo tal pacto, o poder de Deus se faz presente pelo poder dos poderosos. Estes pedem obediência e submetimento. Tal processo produz morte e empobrecimento, porque os pobres continuam objeto da beneficência dos poderosos, e não participantes da história comum. A teologia da libertação procura desenvolver a dimensão política da experiência que vê Deus ligado à causa dos pobres e de sua libertação. A opção da teologia da libertação não é pelo marxismo, mas pelos pobres. O marxismo ajudou a mostrar que o pobre é na verdade um oprimido, quer dizer, alguém feito pobre com violência. Seu projeto nem é o socialismo, mas a libertação integral das pessoas. O socialismo pode ser tão-somente um instrumento político para a libertação dos oprimidos; libertação que alcança muito além daquela prometida e realizada pelos socialismos históricos. A teologia da libertação mostra que Deus está do lado dos cativos do Egito, ontem e hoje, e contra o faraó de todos os tempos. Ela mostra também que os oprimidos devem se organizar para o êxodo desse tipo de sociedade, rumo a uma convivência de promissão que permita a vida minimamente digna para todos e também para os demais seres da criação, considerados como sujeitos de direitos e novos cidadãos da comunidade ecológica.

Capítulo IV

MUNDIALIZAÇÃO E POBREZA*

*Conferência proferida na Universidade de Turim, por ocasião da concessão do título de doutor *honoris causa* em política, pela Faculdade de Política, no dia 26 de novembro de 1990.

A implosão do socialismo, a queda do muro de Berlim, a introdução da *perestroika* e da *glasnost* na URSS e a crise geral do pensamento das esquerdas trouxeram uma série de interrogações também para a prática e a reflexão das Igrejas. Pretendo elaborar algumas ponderações a partir da perspectiva que caracteriza os teólogos da libertação, vale dizer, a perspectiva que toma em alta consideração as vítimas e as grandes maiorias da humanidade que são oprimidas. Evidentemente, não alimento nenhuma pretensão de ser completo. Como fica o processo de mundialização em face do crescimento da pobreza no mundo?

1. Teologia da libertação e implosão do socialismo

Muitos dizem, e sabemos, que assim pensam altos dignitários da Cúria romana: com a implosão do socialismo, desaparecerá também a teologia da libertação. Como teoria, ela se fundava no marxismo e como prática tinha o socialismo como modelo. Que pensar dessa objeção?

Devemos sempre acolher os fatos e aprender suas lições. O socialismo de fato implodiu. Não estamos tristes com isso, pelo contrário, achamos que ele tinha em sua teoria e em sua prática o gérmen da própria derrocada. No Leste Europeu, ele veio de fora para dentro, de cima para baixo, e foi montado sem a participação da população. Ele foi beneficente, mas não participativo; foi autoritário e patriarcal, não permitindo a democracia e a liberdade. Sabemos que, nas intuições dos fundadores, o socialismo era o verdadeiro nome para a democracia real, a das maiorias.

Venceram o capitalismo, a ideologia liberal e o mercado total? Certo brasileiro, euforicamente, parafraseou: "Veni, vidi, Deus vincit!" ("Vim, vi e Deus venceu"). Certamente é um apressado. Outra voz autorizada respondeu: "Não seria mais realista reconhecer: 'Veni, vidi, mamona *vincit*' ("Vim, vi e a mamona [dinheiro] venceu"). Provavelmente.

Sou da opinião, partilhada por muitos, de que a queda do socialismo só representa aparentemente uma vitória do capitalismo e da economia de mercado. Na verdade, é muito mais uma vitória da ânsia de liberdade dos povos que viviam na área socialista e o resultado das próprias contradições mal administradas, em especial econômicas e políticas, dos regimes socialistas, marcados pela experiência leninista e pela perversidade stalinista. A estratégia leninista do partido único que informa toda a sociedade e organiza o Estado é totalitária. E, como tal, viola a vontade ontológica do cidadão de querer participar da história e ser sujeito livre na construção do destino pessoal e coletivo.

Mas sejamos também justos: o socialismo fez a *revolução da fome*. Alguém vindo do Primeiro Mundo não se dá conta do que isso significa. Considerados em relação ao desenvolvimento do Primeiro Mundo, os países socialistas eram atrasados, e as sociedades burocraticamente pesadas. Mas examinados em comparação com o Terceiro Mundo, o socialismo fez uma revolução que até hoje o capitalismo, em sua globalidade, não fez e deve à humanidade. Repito: o socialismo fez a revolução da fome. Em qualquer país socialista, não encontramos o fenômeno, que escandaliza, das favelas, das milhares de crianças esmolando pelas ruas, de velhos abandonados ao lado da riqueza de poucos e do luxo de minorias. No socialismo, o social possui a centralidade. Por isso há melhor sistema de saúde em Cuba que em qualquer país capitalista; morrem menos crianças em Havana do que em Washington.

Não podemos negar: na perspectiva do Terceiro Mundo, o socialismo criou relações mais igualitárias, com um sentido de internacionalismo e solidarismo que não existe na área capitalista. Não se nutria da exploração dos pobres, como o faz o capitalismo; não se fazia presente no mercado internacional, que, na perspectiva dos países empobrecidos, é um navio de piratas.

Escreveu Roberto Retamar, escritor e poeta cubano: o ser humano é habitado por duas fomes, a fome de pão – que é saciável – e a fome de beleza – que é insaciável. O socialismo, contudo, não fez a revolução da liberdade, não atendeu à fome de beleza. E quem pode afirmar que a liberdade é incompatível com a produção, a eficiência e a criatividade artística? Ele controlou, reprimiu e assassinou milhares que buscavam a liberdade. É a causa última da queda do socialismo. Mas não identificamos socialismo com stalinismo, como não igualamos a Igreja de Cristo com a Santa Inquisição ou com as atuais agressões à liberdade do atual ex-Santo Ofício.

Triunfou o capitalismo com seu mercado? De modo algum. Trata-se de um sistema que nunca deu certo. Dentro do capitalismo não há salvação para os pobres – mesmo nos Estados Unidos, onde o número de pobres está crescendo. Para nós ele não é uma utopia, mas um castigo. Seria uma ilusão pensar que ele existe para todos. Ele existe para os capitalistas. Depois, as sobras caem para os lázaros que jamais são comensais com os capitalistas.

Para compreender o que significa a perversidade do modo de acumulação capitalista, basta olhar lá onde ele se impôs: no Terceiro Mundo. Três quartas partes da área capitalista, na Ásia, África e

América Latina, vivem um capitalismo dependente e associado. Nesses lugares predominam a pobreza da maioria da população e condições de vida muito piores do que no tempo da escravatura, em termos de dieta, mortalidade infantil e expectativa de vida – pelo menos, no meu país, o Brasil. Ontem os pobres sentiam-se oprimidos, mas tinham esperança. Hoje continuam oprimidos e, por causa da opressão que sempre cresce, muitos se sentem sem esperança.

Ele somente funciona hoje nos países já capitalistas e industrializados, mas com um tipo de desenvolvimento acelerado e dilapidador da natureza que jamais poderá ser universalizado, caso não queiramos introduzir um holocausto coletivo.

E a teologia da libertação? Devemos dizer claramente que a teologia da libertação, desde o princípio, jamais colocou no centro de sua prática e de suas reflexões o socialismo, mas os pobres coletivos e submetidos a conflitos. Somente como mediação para fazer avançar a causa dos oprimidos se ocupou com o socialismo, como alternativa histórica ao capitalismo, sob o qual nossas populações tanto sofrem. Mas o socialismo jamais foi colocado como *modelo* a ser imitado. Cada povo devia construir o seu caminho para o socialismo. Por isso não conheço nenhum teólogo da libertação que se tenha inscrito no partido comunista-socialista. O socialismo era visualizado apenas como uma *referência* histórica que não se podia desconhecer. As raízes verdadeiras da teologia da libertação estão em um outro lugar.

A teologia da libertação nasceu de uma dupla experiência – uma política e outra teológica. Politicamente, percebeu que os pobres fundam um lugar social e epistemológico, ou seja, sua causa, seus interesses objetivos, sua luta de resistência e de libertação e seus sonhos permitem uma leitura singular e própria da história e da sociedade. Essa leitura é inicialmente denunciatória. Ela denuncia que a história atual é escrita pela mão branca e conta as glórias dos vencedores. Ela recalca a memória gritante dos vencidos. Ela não tem consciência das vítimas e por isso é cruel e sem misericórdia.

Mas ela é também visionária. Sonha com transformações possíveis e com relações humanas nas quais o ser humano é amigo de outro ser humano, e não o seu carrasco. A prática social pode transformar o sonho em realidade histórica.

Podemos seguramente dizer que todas as grandes questões que moveram e movem ainda hoje as religiões, os projetos de transformação e os processos revolucionários estão ligadas aos sonhos dos oprimidos e à justiça necessária.

A teologia da libertação acolheu esse fato, pois os militantes cristãos estavam na mesma trincheira que os pobres: nos sindicatos, nas lutas populares e até na insurgência guerrilheira. Nesse contexto, perguntavam-se: como anunciar que Deus é vida e é pai, num mundo de miseráveis? Somente transformando essa anti-realidade em realidade digna é que resgatamos a verdade da fé – Deus é pai e mãe de todos, e padrinho dos pobres. A partir disso entende-se a necessidade de inserção e militância dos cristãos, e também dos teólogos, nos processos de mudança.

A segunda experiência, a teológica, nasceu aprofundando a primeira. As comunidades cristãs de base aprenderam que a melhor maneira de interpretar a página da Escritura é confrontá-la com a página da vida. Nesse confronto aparece uma verdade que atravessa as Escrituras cristãs de ponta a ponta – a íntima conexão que existe entre Deus, os pobres e a libertação. Deus é testemunhado como o Deus vivo e doador de toda a vida. Ele não é como os ídolos, que são mortos e exigem sacrifícios. Esse Deus, por sua própria natureza vital, sente-se atraído por aqueles que gritam porque se lhes está tirando a vida pela opressão. Ele faz sua a luta de resistência e de libertação dos oprimidos.

O Deus bíblico é alguém que escuta o grito – seja o dos judeus no cativeiro egípcio, libertando-os, seja o de Jesus que grita na cruz, ressuscitando-o, seja, hoje, o dos milhões que já não aceitam sua opressão e buscam vida e liberdade, dando legitimidade à sua luta de libertação. Deus opta por eles, não porque são bons, mas porque são oprimidos. Eles podem contar com Deus. O projeto de Deus passa pelo projeto dos pobres.

Essa intuição criou uma espiritualidade, uma prática de inserção nas lutas populares e uma teologia. A teologia da libertação bebe de seu próprio poço. Foi a partir de sua luta ao lado do oprimido que essa teologia incorporou algumas categorias da tradição marxista. Elas ajudavam, e continuam ajudando, a desmascarar a lógica perversa da acumulação à custa da miséria e da desumanização das maiorias. A partir do sofrimento sob a ordem capitalista (que é ordem na desordem), os cristãos inspirados pela teologia da libertação propunham a questão do socialismo democrático como alternativa histórica possível para chegar a formas mais dignas para o trabalho e mais geradoras de vida para todos.

A América Latina é o único lugar em que os teólogos foram vigiados pela polícia, presos, torturados e assassinados, como se deu com nossos irmãos jesuítas em El Salvador. O que existe nessa teologia que mete tanto medo ao sistema do capital e que leva tais téologos a participar do destino de tantos de seu povo?

A América Latina é marcada pelo cristianismo, imposto juntamente com a colonização. Exatamente porque é penetrada de referências cristãs há assassinatos de teólogos. O que se teme não é o marxismo. A sociedade e a própria Igreja conservadora têm medo é de Deus. Desse Deus que liberta, que legitima a luta dos oprimidos e dá coragem para o último sacrifício. Não aceitam que a opção pelos pobres, contra a sua pobreza, nasça do coração da fé cristã e da essência do próprio conceito bíblico de Deus. Gostariam que nascesse do marxismo e das ideologias de esquerda. Essa é a incompreensão e a calúnia que as autoridades doutrinais de Roma propalam mundo afora. Eles temem que um cristão diga: por Deus da ternura dos pobres, por Jesus Cristo, pelo Evangelho e pela fé dos pais, tenho todas as razões para postular uma transformação da sociedade, na qual os próprios pobres sejam protagonistas. Pelo fato de eu ter feito essa mesma postulação quanto às relações internas na Igreja Romano-Católica, que padecem de falta de liberdade, é que sofri um processo doutrinário em Roma e fui também punido.

Essa visão libertária que nasce da bagagem da própria fé rompe com o monopólio que o marxismo tinha das utopias revolucionárias. Um cristão pode ser um revolucionário. Mais ainda, essa idéia libertária livra o cristianismo do cativeiro conservador a que a ordem capitalista o submetera, fazendo-o um inimigo permanente do marxismo e das práticas mudancistas.

O debate teológico em torno da teologia da libertação é irrelevante em face do real debate, que é político: de que lado se situa o cristianismo no equilíbrio de forças históricas hoje — , no lado dos que querem manter a ordem porque são beneficiados com ela, ou no lado dos que querem mudá-la, por castigar demasiadamente os pobres? As igrejas novas do Terceiro Mundo, em sua grande maioria, entenderam: se não ficamos do lado dos condenados da Terra, somos inimigos de nossa própria humanidade; ao perdermos os pobres, perdemos também Deus e Jesus Cristo, que fizeram uma opção pelos pobres.

Enquanto houver oprimidos nesse mundo, haverá espíritos atentos a lutar pela liberdade. E farão do cristianismo não um totem legitimador dos poderes elitistas desse mundo, mas mística de libertação para os muitos oprimidos. E os que pensarem essa prática farão teologia da libertação.

Que futuro terá o socialismo? Segundo nossa perspectiva — a das vítimas —, respondemos que as questões que há duzentos anos fizeram surgir o socialismo perduram ainda, e, em nível mundial, até se agravaram. Para os pobres, para os que são mantidos no subdesenvolvimento, para a democracia social, para os direitos humanos como direitos a partir do direito à vida e aos meios de vida para todos, não há salvação no capitalismo. Na América Latina, o capitalismo com eleições ou sem eleições não é democrático. Quando as elites percebem que a ordem capitalista é posta em jogo, chamam os militares. E estes, para salvar o capitalismo, violam todos os direitos pessoais, sociais e políticos.

Devemos buscar outra esperança. E voltamos ao sonho socialista. Não será a crise de um tipo de socialismo que irá pôr a pique ideais tão nobres e humanitários.

Os ideais socialistas estão enraizados nas camadas mais profundas desse animal político que é o ser humano. Eles alimentam perigosas visões. Fora do poder hegemônico e purificado dos vícios de sua cristalização histórica, o socialismo democrático encontrará, certamente, o seu lugar natural nas nações periféricas e oprimidas do Terceiro e do Quarto Mundos.

Eu diria mais: os problemas humanos de forma crescente estão se mundializando. As soluções deverão ser igualmente mundiais, quer dizer, cada vez mais serão fruto de um imenso processo de socialização e de democratização que terá também sua dimensão ecológica e cósmica. Devemos aprender a conviver com as pedras, as plantas, os animais e as estrelas como os novos cidadãos da cidade humana.

O socialismo, que por sua natureza coloca o coletivo como eixo de sua articulação, poderá significar a grande alternativa da humanidade naturalizada que decidiu sobreviver em um espaço de fraternidade e sororidade.

Recuso-me a pensar que os seres humanos estejam condenados a explorar-se mutuamente, a viver obsessos, pela acumulação à custa da miséria dos outros condenados ao egoísmo.

2. Em busca de uma modernidade alternativa e integral

Inegavelmente, a desintegração do chamado campo socialista, a inauguração da *glasnost* e da *perestroika* e o fim da guerra fria trouxeram uma crise para o projeto de mudança da sociedade. Sentimos a crise nos intelectuais de esquerda e perplexidade nos movimentos de base popular. Ao mesmo tempo, é indisfarçável o júbilo dos agentes da ordem capitalista. Sentem-se triunfantes, pois, dizem, a história deu-nos razão. O grande tema é o mercado. Tudo passa pelo mercado. Ele é a grande realidade total e a nova divindade. Quem está fora do mercado não existe. Quem não se afirma no mercado deve desaparecer. Fala-se do fim da história. De qual história? O mito europeu é falar de modernidade e pós-modernidade. Não só ocorre a transnacionalização mas está em curso a mundialização como planetização do processo produtivo e do sistema de comunicação e de trocas. Ninguém mais fala de imperialismo. Está fora de moda.

O que, na verdade, ocorre? Um novo imperialismo! Digo-o sem rebuços. É o novo império daquele tipo de racionalidade, de desenvolvimento e de sentido de ser que se forjou no bojo da classe burguesa no advento da modernidade, e que hoje se expande sobre todo o planeta.

Qual é a alternativa para o desenvolvimento senão levá-lo até os confins mais recônditos da Amazônia, da Índia ou da Polinésia? A mesma lógica que destruiu as culturas-testemunho da América Latina no século XVI continua sua obra devastadora até os tempos atuais. O projeto colonial ibérico, em 80 anos, de 1519 a 1595, reduziu a população do México de 25.200 milhões de habitantes a 1.375 milhão. Foi o maior genocídio da história, na proporção de 25 por um. Escutemos o testemunho do profeta maia Chilam Balam, dos primeiros anos da evangelização: "Eles, os colonizadores, vieram nos ensinar o medo; vieram fazer as flores murchar; para que unicamente sua flor vivesse, destruíram todas as nossas flores."

Hoje, em nome da modernidade, nossos governos latino-americanos atualizam a lógica da dominação mediante os grandes projetos das multinacionais japonesas, alemãs, italianas e norte-americanas. À custa disso, da dívida externa impagável, continuam as mortes; só no Brasil morrem de fome mil crianças por dia. Nunca houve tanta fome e mortes prematuras como nos dias de hoje, por causa do desemprego, dos baixos salários, das doenças e da violência nas relações sociais. As dezenas de nações indígenas estão desaparecendo. E assim perderemos para sempre formas de humanidade de que tanto precisamos.

Bem nos recordava um dos nossos grandes indigenistas, Villas Boas:

> Se entendermos que o sentido de nossa passagem pela Terra consiste em acumular riqueza, então não teremos nada a aprender de nossos indígenas. Mas se buscarmos integração nas gerações, uma aliança de paz com a natureza e um equilíbrio entre a produção e o prazer, então teremos lições sábias a aprender de nosso indígena.

Não somos contra a modernidade nas duas cristalizações históricas que ela encontrou: a modernidade burguesa, que criou a sociedade industrial, o mercado e o consumo bem como a democracia liberal-representativa, e a modernidade proletária, que inaugurou um novo sujeito histórico na hegemonia da sociedade, os trabalhadores, e o projeto do socialismo, hoje em sua versão marxista-leninista, em decomposição. Essas duas formas de modernidade antagonizaram-se durante decênios. Hoje importa construir uma convergência. Nós postulamos uma modernidade alternativa e integral que incorpore o imenso cabedal de ciência e de técnica (fruto da modernidade burguesa) com democracia social, em benefício de toda a humanidade (o sentido da modernidade proletária), numa consciência ampliada de um destino comum de toda a humanidade.

Para que isso aconteça precisamos de uma nova revolução mundial. Quem fala hoje no Primeiro Mundo de revolução? Essa palavra está no limbo dos pensadores políticos e chefes de partido. É uma moeda que não tem mais curso. E por que iria tê-lo? Por que colocar em risco nosso bem-estar depois de tantas guerras? – dizem-nos militantes do Primeiro Mundo, muitos deles da esquerda arrependida. A idéia de revolução foi colocada no museu arqueológico da política. E, apesar desse desprestígio, há de se falar de revolução, como exigência da miséria das grandes maiorias.

Mas o Primeiro Mundo não contém a pólvora necessária para incendiar a idéia de uma nova revolução, hoje de amplidão universal. Perdão se o digo sem papas na língua: por aqui não passa a esperança. A esperança reside na reprodução do bem-estar atual e na manutenção de um desenvolvimento garantido. Portanto, é um pensamento da ordem vigente e não de sua possível alternativa. E o pensamento da ordem, por mais progressista que seja, é sempre politicamente conservador. Ser conservador hoje em dia implica aceitar a condenação à exclusão e até à morte da grande maioria da humanidade que está fora da modernidade e de seus benefícios.

Podemos fazer da Índia, da China, da América Latina o que é hoje uma Alemanha ou uma Itália? Os modelos de desenvolvimento e de sociedade hoje imperantes não são universalizáveis. E, contudo, devemos sobreviver como humanidade. Para isso, fazem-se necessárias transformações mundiais profundas, que passam por uma nova ordem econômica, por um novo regime de propriedade, por relações sociais e ecológicas distintas, enfim, por um novo humanismo.

3. O baricentro do mundo: os dois terços pobres

Quem são os portadores de uma nova esperança? Os pobres coletivos e submetidos a conflito. Os pobres do mundo são condenados a ser historicamente o húmus de uma nova esperança. Eles não têm mérito nenhum nisso. É sua missão histórica a ser realizada em nome de todos e em benefício da humanidade inteira. Pois só eles têm condições de sonhar. O presente não lhes pertence. Seu passado é o passado de seus senhores, que eles tiveram de internalizar. Só lhes resta o futuro.

Talvez estranhem que se fale de sonhos e de utopias. Sim. Precisamos resgatar a eminente importância social do sonho e da fantasia criadora. Ela é, na linguagem de Pascal, a louca da casa. Mas essa louca não é oposta à razão. Pelo contrário, ela representa uma razão maior, a razão não domesticada dentro dos sistemas e não controlada pelo poder. Podemos dizer que a razão moderna está cativa nas malhas do poder econômico e político. É pela fantasia que a sociedade e os oprimidos conseguem transcender a prisão e entrever um mundo distinto deste perverso, que lhes nega participação e vida. Essa fantasia está ligada aos famintos, aos doentes, aos oprimidos por mil amarras. Essa fantasia tem como sujeito histórico o conjunto das forças que compõem o universo dos dois terços de marginalizados e de negados socialmente. Da periferia, eles gritam para o centro. Querem que diminuam as distâncias, que haja um mínimo de eqüidade, sem a qual deixamos de ser humanos, e, por fim, que se chegue a superar o dualismo entre o Norte e o Sul, entre ricos e pobres, na direção de uma humanidade que finalmente se reconcilie consigo mesma.

Esses são os sonhos dos oprimidos. Não são os sonhos de serem grandes potências e de dominarem os outros. Nem são sonhos de um consumo sem freios e, por isso, sem solidariedade. Seus sonhos estão ligados às estruturas básicas da vida e da reprodução da vida como vida humana, portanto ligados ao trabalho, à saúde, à moradia, ao lazer mínimo, à cultura necessária para a comunicação humana. Ora, tais bens mínimos poderiam tecnicamente ser acessíveis a todos; não são por falta de vontade política mundial.

Hoje, com a superação do confronto Leste x Oeste, capitalismo x socialismo, e com a transposição das relações Norte-Sul (países industrializados e ricos x países mantidos no subdesenvolvimento e pobres), há a possibilidade de que o desafio mundial dos pobres constitua o baricentro da política. Eles constituirão certamente o ponto de equilíbrio do mundo porque poderão significar a grande ameaça a qualquer sistema de exclusão.

Seria insuportável para qualquer ética assistir ao agravamento do dualismo mundial: de um lado, uma crescente acumulação de meios de vida e de desfrute consumista ilimitado e, do outro, a miséria e a desestruturação cada vez mais avassaladora de dois terços da humanidade. Se não houver aí pontes de solidariedade e políticas de equilíbrio mundial, os países opulentos se sentirão impelidos a construir inúmeros muros de Berlim para defender sua sociedade da abundância contra a invasão dos famintos que batem à porta e querem apenas participar, junto com os cachorros, das migalhas dos ricos epulões. Cálculos nos dizem que, em 20 anos, 13% da população mundial estarão concentrados nos países ricos e 87%, nos países pobres do grande Sul. Se os pobres não forem atendidos em suas necessidades mínimas, que garantia de paz e de desfrute haverá para os ricos?

Por isso, em vez de mundializar mercado e formas de produção, consumo e acumulação, importa mundializar outros hábitos culturais de solidariedade, compaixão coletiva para com as vítimas, respeito a suas culturas, partilha de bens, integração emotiva com a natureza, sentimentos de humanidade, solidariedade e misericórdia para com os humilhados e ofendidos.

Poderá parecer utópico? Lógico que é. Mas o utópico pertence à realidade; não é fuga dela, mas a descoberta de que não estamos no fim da história, de que a história está sempre aberta e de que é possível um convívio mais feliz. O ser humano, homem e mulher, não é filho e filha da necessidade escravizadora, mas sim da alegria libertadora. É desejando o impossível que nos abrimos à concretização do possível.

Os antigos romanos alimentavam um ideal ecumênico: o de poder conferir a todos os habitantes do império, gregos ou bárbaros, a dignidade de ser cidadão romano, com as vantagens sociais que isso trazia para todos. Hoje, devemos postular o reconhecimento de humanidade a todos os habitantes da Terra, que, em sua grande maioria, são tratados como não-pessoas pelo fato de terem chegado tarde ao tipo de desenvolvimento que o Ocidente inventou e de, no mercado, serem considerados zeros econômicos.

Para que isso aconteça, urge empreender-se uma *glasnost* e uma *perestroika* no capitalismo. Que qualidade de vida ele produz? Que tipo de democracia projeta? Aquela que se isola nas instituições políticas, no voto, no campo dos direitos, mas que não entra na esfera da economia, protegida pelo equívoco da livre iniciativa e pelo mercado? A democracia liberal pára na porta da fábrica. A propriedade privada é desligada do sentido do bem comum.

A mundialização do destino humano abre a urgência de colocarmos a questão mais fundamental que o próprio socialismo, a questão da democracia. A democracia não apenas como uma forma de governo, mas como um espírito e um valor universais. Por esse caminho será possível visualizar um futuro para a humanidade. A democracia, como fora pensada em tantos círculos latino-americanos, especialmente no Brasil, pelo eminente cientista social Herbert de Souza, fundamenta-se na articulação e coexistência de cinco forças fundamentais: a participação, a solidariedade, a igualdade, a diferença e a comunhão.

Antes de mais nada, importa garantir a *participação.* Mais que buscar diretamente uma sociedade igualitária, busca-se hoje uma sociedade participativa em todos os níveis possíveis. A participação não se reduz a uma integração no *statu quo*, mas a uma participação na geração de novas relações e na criação do ainda não experimentado.

Em segundo lugar, é importante a *solidariedade* em todos os níveis, em especial na perspectiva internacional: é a capacidade de incluir os outros em seu próprio interesse e entrar no mundo do diferente para fortalecê-lo, particularmente aqueles que a vida e a história penalizaram, os mais necessitados.

Em terceiro lugar, como efeito da participação e da solidariedade, surge uma maior *igualdade social.* As sociedades históricas são marcadas pela desigualdade e pela exclusão. À medida que as pessoas participam e vivem a solidariedade, emergem relações mais simétricas e, por isso, mais humanizadoras.

Em quarto lugar, cabe reconhecer, promover e defender as *diferenças.* Elas são a riqueza de cada indivíduo e das culturas. Excelente é o samba. Mas, ao lado dele, existem a *chanson*, o *country*, o *rock*, a ópera, o canto gregoriano e a sinfonia. Não seria uma desgraça se disséssemos que a única música legítima é o *heavy metal*?

A diversidade dos gêneros musicais constitui a riqueza da música. A participação e a valorização das singularidades fazem com que as diferenças não decaiam em desigualdades e discriminações. O modo de pensar e de agir capitalista tende a enfatizar as diferenças a ponto de fazê-las desigualdades. O socialismo, por sua vez, tende a abolir as diferenças, porque as vê como desigualdades, e a homogeneizar tudo, matando a criatividade.

Por fim cumpre enfatizar a *comunhão*. A comunhão é a capacidade de estabelecer relações intersubjetivas, de alimentar a espiritualidade, no sentido que Gorbatchev difundiu em suas intervenções, como apreço às dimensões éticas, estéticas, religiosas, que são fatores construtores da sociabilidade humana. A comunhão é, antes, uma categoria antropológica que religiosa. Ela dá conta da transcendência viva do ser humano, que não se exaure no teatro social, mas se abre sempre de novo, para cima e para os lados, na construção de novos sentidos de vida.

A construção da democracia se dá na família, na escola, na fábrica, nas associações de classes, nas igrejas, no Estado e na sociedade. É um projeto sempre aberto e inacabável. Queremos uma humanidade mais digna da vida e mais sã. Por isso queremos mais democracia. Com mais democracia, construída sobre essas forças poderosas, poderemos crer num futuro mais esperançoso para os oprimidos do mundo e para todos.

Os pobres clamam. É a sua força e o seu direito. Quem escuta hoje o clamor dos oprimidos que sobe do coração da Terra? Precisamos de uma revolução mundial nas nossas mentes, uma revolução mundial nos nossos hábitos, uma revolução mundial em nossas sociedades, para que o clamor seja ouvido efetivamente e atendido.

Se as Igrejas cristãs e as religiões possuem hoje alguma relevância social consiste exatamente nisso: não permitir que fiquemos surdos ao clamor dos oprimidos; fazer com que esse clamor seja levado a todos os foros mundiais; conseguir que esse clamor encontre caixas de ressonância para que possa ser atendido com eficácia.

A teologia da libertação, dentro da qual me inscrevo, procura dar a sua contribuição. Assume solidariamente o lugar do pobre, denuncia com os pobres a perversidade da pobreza. Associa-se às lutas dos pobres contra a pobreza, não em direção à riqueza que também é iníqua, mas em direção à justiça. O sonho não reside nem em uma sociedade pobre nem em uma sociedade rica, mas numa sociedade fraterna, justa, solidária, democrática e sensível ao mistério que atravessa a existência humana e a totalidade da criação. Esse sonho pode ganhar um pouco de realidade. Se "o sonharmos sozinhos, será ilusão; se o sonharmos juntos" – como diz uma canção das comunidades de base – "é sinal de solução; então, companheiros, vamos sonhar juntos, sonhar ligeiro, sonhar em mutirão".

REFERÊNCIAS BIBLIOGRÁFICAS

A. Auer, *Umweltethik. Ein theologischer Beitrag zur ökologischen Diskussion*, Düsseldorf, Patmos, 1985.

A. Koiré, *Dal mondo chiuso all'universo infinito*, Milão, Feltrinelli, 1974.

C. Boff e J. Pixley, *Opção pelos pobres*, Petrópolis, Vozes, 1986.

C. Granrut, *La mondialisation de l'économie. Eléments de synthèse.* Comission des Communautés Européennes, Bruxelas, FAST, 1990.

D. J. Krieger, *The new universalism. Foundations for a global theology*, Marykonoll, Orbis Books, 1991.

E. Balducci, *Il terzo milenio*, Milão, Bompiani, 1991.

________. *L'uomo planetario*, Fiesole (FI), Cultura della Pace, 1992.

E. Dussel, 1492: *El encubrimiento del otro. Hacia el origen del mito de la modernidad*, Madri, Nueva Utopia, 1992.

F. Capra, *O ponto de mutação. A ciência, a sociedade e a cultura emergente*, São Paulo, Cultrix. 1987.

F. J. Hinkelammert, "La logica de la expulsión del mercado capitalista mundial y el proyecto de liberación", *Passos*, San José de Costa Rica, n. 3, 1992, p. 3-21.

F. Mires, *El discurso de la naturaleza. Ecología y politica en América Latina*, San José de Costa Rica, DEI, 1990.

G. Girardi, *La conquista, con que derecho?* Madri, Nueva Utopia, 1992.

G. Gutierrez, *A força histórica dos pobres*, Petrópolis, Vozes, 1984.

________. *En busca de los pobres de Jesucristo. El pensamiento de Bartolomé de Las Casas*, Lima, CEP, 1992.

H. Assmann e F. J. Hinkelammert, *A idolatria do mercado*, Petrópolis, Vozes, 1989.

J. Bula, *Violence, démocratie et développement dans le Tiers Monde*, Louvain-la-Neuve, Centre Tricontinental, 1990.

J. E. Lovelock, *Gaia. Um novo olhar sobre a vida na Terra*, Lisboa, Edições 70, 1989.

J. F. Lyotard, *La condizione postmoderna*, Milão, Feltrinelli, 1989.

M. Luyckx, *Religions et éthique après Prométhée. Positions éthiques des religions face à la science et la technologie.* Commission des Communautés Européennes, Bruxelas, 1991.

M. Zaher, *Terre vivante*, Paris, Ed. Odile Jacob, 1992.

P. Demo, *Cidadania menor: Algumas indicações quantitativas de nossa pobreza política*, Petrópolis, Vozes, 1992.

P. F. Gonod e P. Saussay, "Europe: province du monde". *in Europrospective II*. Bruxelas, março 1991.

P. Richard, *A força espiritual da Igreja dos pobres*, Petrópolis, Vozes, 1989.

R. Petrella, "La mondialisation de la technologie et de l'économie. Une (hypo)thèse prospective", *Futuribles*, Bruxelas, n. 135, set. 1989.

R. R. F. Mourão, *Ecologia cósmica*, Rio de Janeiro, Francisco Alves, 1992.

R. Tamames, *Un nuevo orden mundial*, Madri, Espasa-Calpe, 1991.

S. Hawking, *Uma breve história do tempo*, Rio de Janeiro, Rocco, 1988.

T. Berry, *O sonho da terra*, Petrópolis, Vozes, 1991.

Vários autores, *Direitos humanos, direitos dos pobres*, Petrópolis, Vozes, 1991.

Vários autores, *Ecologia e política mundial*, Petrópolis, Vozes, 1991.

Vários autores, *La opción por los pobres*, Santander, Sal Terrae, 1991.

Vários autores, Mundialização. Todo o número da revista da cultura *Vozes*, jul.-ago., 1991.

Vários autores, *O cerco está se fechando: o impacto do grande capital na Amazônia*, Petrópolis, Vozes, 1991.

Vários autores, *Terra, patrimônio comum*: a ciência a serviço do meio ambiente e do desenvolvimento, São Paulo, Nobel, 1992.

Capítulo V

IMPLOSÃO DO SOCIALISMO: DESAFIOS PARA A SOCIEDADE E PARA A IGREJA

Há que se pensar a partir dos fatos e deve-se sempre aprender da história. Que desafios representam para a teologia da libertação e para a Igreja das bases os seguintes fatos: a superação dos últimos resquícios de stalinismo mediante a *glasnost* e a *perestroika* na URSS? O massacre dos jovens que clamavam por democracia na praça da Paz Celestial, em Pequim? A implosão do socialismo centralizado do Leste Europeu? A derrota dos sandinistas na Nicarágua que, juntamente com Cuba, mantinham viva a chama revolucionária para a América Latina? São-nos apresentadas três questões:

1. Sempre se alimentou, nos grupos comprometidos com a transformação social, a utopia do socialismo como superação do capitalismo. Com a crise e a implosão do socialismo real, que alternativa se apresenta ao capitalismo? Ou este triunfou de vez?
2. Que validade detém ainda o arsenal de instrumentos teóricos do marxismo para entender a sociedade, especialmente as categorias "forças produtivas", "constituição do capital", "classe social" e outras? Os "lumpens" (os pés descalços e descamisados) não foram valorizados por Marx como agentes de transformação social. Hoje

eles decidem eleições e votam, em geral, em candidatos populistas, que reforçam a ordem do capital, exatamente aquela que cria e exclui os "lumpens". Como se há de enfrentar essa situação?

3. Os cristãos ajudaram na vitória e na consolidação da revolução sandinista. Atualmente, os sandinistas foram apeados do poder por voto popular. Essa questão transcende à conjuntura centro-americana, sempre transitória e transiente; ela coloca uma questão de fundo: qual a posição dos cristãos nos processos de mudança estrutural, nas revoluções e nas mutações de paradigmas?

Queremos, sem subterfúgios, afrontar as três questões.

1. O socialismo não foi ao exílio, é o sonho da humanidade libertada

Marx nunca entendeu o socialismo como uma pura e simples oposição ao capitalismo, mas como a realização dos ideais proclamados pela revolução burguesa: a liberdade e a dignidade do cidadão, o seu direito ao livre desenvolvimento e à participação na construção da vida coletiva e democrática. A preocupação de Marx era esta: por que a sociedade burguesa não consegue realizar para todas as pessoas os ideais que ela proclama? Ela produz o contrário do que quer. O trabalhador deveria ser sujeito do trabalho; ele se transforma em objeto, porque sua força de trabalho vira mercadoria; é um objeto que é oferecido no mercado e é pago em salários. A economia política deveria satisfazer às necessidades humanas (comer, vestir, morar, comunicar-se etc.), mas na realidade ela atende às necessidades do mercado, em grande parte artificialmente induzidas. No capitalismo tudo vira mercadoria, coisa que dá dinheiro: desde as realidades mais sagradas como a religião e a mística até os objetos mais comezinhos como arroz e feijão. Toda a atividade humana e o que ela produz se medem em valor monetário. Os objetos viram sujeitos, e os sujeitos, objetos. Quer dizer, atribuem-se aos objetos produzidos características do sujeito, como vida, força, poder, e ao sujeito, características do objeto – seu trabalho vale muito, pouco etc.

Para Marx, a não-consecução dos ideais da revolução burguesa não se deveu à má vontade dos indivíduos ou dos grupos sociais, ela é conseqüência inevitável do modo de produção capitalista. Esse modo de produção se baseia, em primeiro lugar, na apropriação privada dos meios de produção (capital como terras, fábricas, tecnologias) com os reflexos que daí se derivam para a organização da política, do direito, da educação e das idéias na sociedade; e, em segundo lugar, na subordinação do trabalho aos interesses do capital. Essa situação esfacela a sociedade em classes sociais. Elas têm interesses antagônicos. Quanto mais altos forem os salários dos operários, menor será o lucro do patrão e vice-versa; aqui se revela o antagonismo dos interesses, o que origina a luta de classes.

As pessoas, na ordem capitalista, tendem fatalmente, quer queiram, quer não, a se tornar desumanas e estruturalmente "más" umas para com as outras, pois cada qual deve cuidar de seus interesses.

Qual é a saída excogitada por Marx? Vamos trocar o modo de produção! Em vez da propriedade privada, vamos introduzir a propriedade social. Mas cuidado! – observa Marx – A troca de modo de produção não é ainda a solução do problema. A socialização não garante a nova sociedade; ela cria as condições para ela. A propriedade social é apenas um meio para a modificação das relações humanas e oferece tão-somente as *chances* de desenvolvimento dos indivíduos. Por meio das novas relações e do desenvolvimento, os indivíduos não seriam mais meios e objetos, mas fins e sujeitos, irmãos e irmãs solidários que se complementam mutuamente na construção da sociedade verdadeiramente humana.

Os cidadãos, mesmo dadas as precondições, têm que querer a nova sociedade e viver efetivamente as novas relações. Caso contrário, a revolução não se fará. Para isso não basta considerar apenas o funcionamento das estruturas, mas principalmente os sujeitos humanos coletivos e também pessoais. Cabe recordar a famosa frase de Marx:

> A história não faz nada... ela não tinha nenhuma peleja. É muito mais o ser humano, o ser humano concreto e vivo que tudo faz, possui e luta; não é simplesmente a 'história', como se fora uma pessoa à parte, que usa os seres humanos como meios para alcançar os seus objetivos. A história não é outra coisa que a atividade dos seres humanos buscando seus próprios objetivos. (Marx/Engels, Werke, v. 18, p. 98)

Isso é o socialismo para Marx e Engels, como etapa última, antes do advento da grande utopia do comunismo, no qual cada cidadão colabora consoante suas capacidades e recebe conforme as suas necessidades. Mas isso é o grande sonho político da humanidade, cuja possível realização histórica não cabe aqui discutir.

Para Marx, os primeiros interessados nessa transformação seriam as vítimas do sistema capitalista, os assalariados. Eles, portanto, seriam os portadores naturais, junto com outros aliados, dessa bandeira do socialismo. Por que não foi triunfante? Sem querer discutir os vários obstáculos, podemos aduzir um poderoso: a criação do partido único, obra de Lenin. O partido único se entende a si mesmo como "o guia e educador das massas": organizou sozinho toda a sociedade e o Estado; cortou a participação popular autônoma, substituída por um corpo considerável de quadros; impediu a democracia social; introduziu uma imensa máquina de controle; gerou um Estado burocrático e beneficente, mas nada participativo. Honecker, o governante da outrora República Democrática Alemã (RDA), cunhou a expressão "socialismo real" (*der real existierender Sozialismus*).

Talvez nada mais próximo à estrutura do socialismo real do que a estrutura da Igreja Católica real, guardadas as diferenças de autointerpretação. Na Igreja Romano-Católica existe um grande ideal: o sonho de Jesus de uma comunidade fraternal e sororal, em que o ser e o ter são situados em comum; a comunidade é "um só coração e uma só alma", na versão dos Atos dos Apóstolos (capítulos 2 e 4). Na verdade, o que realmente existe (*die real existierender Kirche*) é uma sociedade religiosa piramidal, de desiguais (clérigos e leigos), que não pode ser simplesmente identificada com a Igreja de Cristo. É uma versão do sonho de Jesus, elaborada no quadro da cultura ocidental, européia, profundamente marcada e limitada pelas estruturas políticas herdadas do feudalismo com seus acertos e impasses. A Igreja tem também ela o seu partido. É o clero que não chega a constituir 1% dos fiéis.

Esse partido deu, por volta do ano 1000, um golpe de Estado. Assumiu todo o poder na Igreja-comunidade. Organizou tudo, decidui sobre tudo e criou uma linguagem de identificação com a Igreja. O clero (papa, bispos e padres) tornou-se sinônimo puro e simples de Igreja.

Mutatis mutandis, a estrutura desses dois corpos totalitários e autoritários – o catolicismo real e o socialismo real – possui certa co-naturalidade até nos detalhes (por exemplo, no socialismo real, o chefe da ideologia equivale ao prefeito do ex-Santo Ofício, com a mesma lógica de vigilância e punição), e ambas obedecem a uma mesma lógica.

Evidentemente, esse processo é construção política humana e seria – no caso da Igreja – errôneo considerá-lo instituição divina, até por veneração e respeito à própria divindade, que não deve ser manipulada para legitimar interesses particulares de grupos, como o partido da Igreja, o clero.

Retomando o tema: quão socialista era semelhante sociedade que a si mesma se chamava de socialista? Muito pouco, pelos critérios dos fundadores dos ideais socialistas, que sonhavam com um socialismo democrático a partir das maiorias populares, que incorporasse todos os valores da revolução burguesa, criasse novos e os universalizasse. Isso não ocorreu.

Não devemos perder esses grandes ideais cristalizados na idéia do socialismo. Eles pertencem aos sonhos mais ancestrais da humanidade. Não será a crise de um tipo de socialismo (o autoritário e estatal) que engolirá as esperanças por uma sociabilidade mais humana. O capitalismo não triunfou. Triunfou, sim, a vontade de participar e de conviver democraticamente. Ninguém será tão inimigo de sua própria humanidade a ponto de aceitar como veredicto final da história a condenação de sermos lobos e não amigos uns dos outros.

Hoje, depurados de seus vícios, fora do poder hegemônico, os ideais socialistas não foram ao exílio. Eles encontrarão seu lugar lá onde é o seu *habitat* natural, nas nações pobres e oprimidas do Terceiro e do Quarto mundos.

Dever-se-á aprender a lição da história. A sociedade que se quer construir deverá ser adequada à multifacetada natureza do ser humano. Este possui uma dimensão pessoal, familiar, comunitária social, transcendente. O regime de propriedade deverá corresponder a essas dimensões. Não só propriedade privada, nem só social, mas os vários tipos e combinações que melhor atendam às demandas humanas. Dada a relevância do social hoje, certamente a propriedade social terá a hegemonia, mas conviverá com outras formas, com as correspondentes incidências nas várias instâncias da sociedade, como a política, a cultural etc.

E é graça do Espírito na história que as Igrejas cristãs, bem como outras religiões mundiais, estejam se articulando com os movimentos socialistas e encontrem co-naturalidade entre as propostas religiosas e os sonhos socialistas. Ou a humanidade entrará num imenso processo de socialização, com uma democracia aberta – até cósmica (convivendo com as pedras, plantas, águas, nuvens como irmãos e irmãs) –, e assim preservará para todos o dom sagrado do ser e da vida, ou então correrá riscos iminentes de um apocalipse nuclear. Não haverá nenhuma arca de Noé para salvar quem quer que seja, capitalista ou socialista, ateu ou teísta.

2. O que foi verdade uma vez sempre terá valor

Para criar a nova sociabilidade mais adequada à natureza humana e assim realizar os ideais da revolução burguesa negados no modo de produção, para o capitalismo o que efetivamente conta é a produção e o consumo na forma da apropriação privada. A posição que cada um ocupa no processo produtivo define a classe social. Como há várias posições, há também várias classes. E cada classe representa também um conjunto de interesses, próprios de cada classe, e elabora do seu jeito a subjetividade coletiva dos pertencentes àquela classe. Como os interesses entre as classes são conflitantes, surge, como dissemos, a luta de classe. Por isso, as sociedades capitalistas são intrinsecamente conflitivas e tensas. Cada classe projeta também um modo de conhecer, sentir, alegrar-se e relacionar-se na família, na comunidade e na sociedade, pois a cabeça pensa a partir de onde pisam os pés, e o coração sente a partir do tipo de sensibilidade que desenvolveu socialmente.

Marx não foi apenas um analista do capitalismo e um arquiteto do socialismo. Ele alimentou também uma perspectiva filosofante; queria sempre saber como se constrói a sociedade humana. Ele projetou uma representação dela das mais consistentes na história do pensamento; todos os cientistas sérios (também os teólogos) são desafiados a dialogar com Marx; o estômago analítico não conseguiu digeri-la completamente até os dias de hoje, porque ele viu dimensões fundamentais da construção social da realidade, de uma forma processual e flexível (dialética).

Assim, Marx percebeu que em cada sociedade entram em ação, de forma sempre articulada, três forças fundamentais (cada força exige, pressupõe e envolve a outra: é o que significa a dialética): a *econômica* (responsável pela produção e reprodução da vida material); a *política* (as formas como distribuímos o poder e organizamos as relações sociais, especialmente com referência ao acesso aos bens necessários à vida humana); e a *simbólica* (as maneiras de significar o mundo por meio de símbolos, idéias, religiões, místicas e valores). Na forma de relacionar essas três forças, devemos, segundo Marx, partir sempre da econômica. Ela é como um fundamento que sustenta todas as demais partes. Por isso ela condiciona, em última instância, a política e as significações ou ideologias que circulam na sociedade. Atualmente se enriqueceu essa visão fundamentalmente correta de Marx com a contribuição da antropologia cultural, da reflexão feminista e da ecologia.

A cultura é um dado especificamente humano que engloba todas as forças construtoras de vida social. Por cultura entendem-se as formas e maneiras pelas quais os seres humanos organizam o que fazem, pensam e simbolizam, incluindo as significações que imprimem a toda a sua prática; também na economia e em todas as instâncias está presente a cultura.

Hoje entendemos que o processo da vida real que envolve todas as dimensões da existência humana, mais do que as relações de produção como queria Marx, está na base de qualquer sociedade. As questões do gênero e da produção foram discutidas pelas mulheres. Dar à luz e criar filhos, cozinhar, lavar, cuidar dos doentes não podem cair simplesmente sob a categoria "produção" ou "trabalho" como se fosse a mesma coisa que produzir um parafuso ou uma escova de dentes. A categoria "reprodução", importante para Marx a fim de significar o capital e sua lógica de acumulação ao longo do tempo, não pode ser sinônimo de reprodução humana, com tudo aquilo que implica de relações parentais, pois estas incidem, consoante a cultura, nas relações econômicas (há pessoas que jamais, mesmo perdendo vantagens, fazem negócios com outras, quando entram diferenças de raça, religião ou ideologia). Aqui o marxismo mostra um visível vazio categorial de análise.

Da mesma forma, observamos a categoria "classe social". Numa sociedade de classes e não mais de ordens, como é a nossa, a categoria "classe" é imprescindível para se compreender a organização social e o conflito de interesses. Abandoná-la seria empobrecer nossa compreensão em detrimento do interesse dos mais fracos. Mas, incorporando uma sensibilidade ecológica e holística, a luta de classe ganha outro estilo; por ela não se busca apenas o interesse da classe, nem só de toda a sociedade, mas também o bem-estar da natureza. Assim, a categoria "luta de classe" não recobre todos os fenômenos. É importante, por exemplo, a categoria "geração" e os valores culturais pelos quais grandes grupos humanos estabelecem suas relações e resolvem seus conflitos.

Para Marx era o "proletariado industrial" o portador da consciência revolucionária de classe e o forjador principal da nova sociedade socialista. Hoje, cada vez mais há consenso em afirmar que a hegemonia em um processo de mudança se dá por uma coligação de campos de força, as assim chamadas "classes populares", que englobariam o bloco histórico e social dos oprimidos pela presente ordem. Esse conjunto de forças articuladas entre si seria o sujeito histórico da transformação social.

A reflexão ecológica enriqueceu o paradigma marxista em alguns passos, a ponto de alguns analistas falarem de uma segunda crítica da economia política, ao incorporar a natureza não como um fator extrínseco mas intrínseco em todo o processo produtivo e na constituição das forças produtivas. Não somente o trabalho entra na composição do capital, mas também, e poderosamente, a natureza. A consciência ecológica convida-nos a tomar certa distância com referência ao otimismo marxiano quanto ao "desenvolvimento das forças produtivas". Conforme a segunda lei da termodinâmica, para manter as forças produtivas em funcionamento exigem-se taxas de energia que se dissipam e não podem mais ser transformadas em produção ou trabalho. Por isso, dialeticamente, não se pode separar adequadamente a ação das forças destrutivas da ação das forças produtivas. Isso nos leva a privilegiar as forças que são renováveis sobre as que não o são, mesmo tendo que renunciar a certos níveis de crescimento.

É nesse contexto global de crítica positiva, no sentido de confirmar o alcance e de apontar os limites da teoria social marxista, que emerge também a problemática dos descamisados e destituídos ("lumpens"), tão importantes na vasta periferia do campo capitalista. Eles constituem, pois, em nossas sociedades de capitalismo dependente e associado, as grandes maiorias. Conseguiram acesso ao voto e aos benefícios do Estado populista. Como vivem no nível da subsistência, não possuem capital revolucionário. Sua questão não é transformar a sociedade (o que exige consciência, uma estratégia mais ou menos definida, táticas de organização), mas garantir a sobrevida mínima. Em razão desse condicionamento, esses descamisados e destituídos são facilmente manipuláveis por representantes da ordem capitalista, que prometem benefícios imediatos, sem contudo modificar-lhes a situação de exclusão e de dependência, o que implicaria uma transformação da sociedade da qual eles não seriam sujeitos.

Há perplexidade entre os teóricos sobre como entender a irrupção desses miseráveis na cena política e que pedagogia seja adequada à abordagem de seus problemas vitais. Certamente o processo de conscientização conserva o seu valor, mas seu alcance, com referência às massas, é francamente limitado. Podem as massas ser conscientizadas? Já não seriam mais massas, mas povo organizado. A conscientização, além de ser um processo pedagógico, é um valor e um direito de todo ser humano. Mas como tal, possui uma forte dose de utopia nem sempre possível de ser traduzida na prática. Governos fascistas souberam falar à subjetividade das massas, mas conduzindo-as para objetivos que não correspondiam aos interesses objetivos delas. A Igreja Romano-Católica de vertente conservadora (também outras Igrejas populares de cunho pentecostal) sempre soube também conduzir massas mediante um manejo inteligente de símbolos poderosos e de arquétipos de grande significação. Em geral, o sentido era de mantê-las pacientemente na situação desumana em que se encontravam, mas com forças de sublimação, resistência e espiritualização de suas contradições.

Cabe a indagação: as massas, por sua natureza massiva, não constituiriam realidades parcamente conscientizáveis e por isso sujeitas a ser conduzidas, como águas caudalosas que naturalmente escolhem os lugares mais fundos para escorrer? A questão seria conduzi-las na direção de seus interesses reais, que vão sempre em duas direções básicas: a primeira, garantir o sentido mínimo da existência, na medida em que se assegura a reprodução material da vida, e a segunda, propiciar a definição de um sentido último do mundo e da vida, já que é próprio do ser humano suscitar tais indagações. A condução dentro desses parâmetros deixaria de ser manipulação em benefício dos interesses de outros, mas uma verdadeira direção (em latim se diria *manuductio*, "conduzir pela mão") em benefício dos próprios descamisados. Essa responsabilidade de manter-se ligado às massas e de jamais perder o sentido ético do serviço desinteressado cabe ao grupo dirigente.

Em uma perspectiva de fé, são esses descamisados os privilegiados de Deus, os primeiros herdeiros do Reino. Se não podem ser os sujeitos de sua história humana, são os cidadãos natos do Reino do Filho que, ao encarnar-se, identificou-se com eles e lhes assumiu a causa. Essa compreensão de fé permite abordar de forma singular os "lumpens"; eles jamais serão considerados zeros políticos por causa de sua mínima contribuição revolucionária, porque a política não é, por fim, tudo na existência humana; eles são os que vêm da grande tribulação e guardam em suas carnes as marcas do Cordeiro (cf. Apc 7, 14). São os sacramentos que nos trazem a presença do Servo sofredor que, junto com eles, grita por ressurreição até que se instaurem na Terra o direito e a justiça para todos. É nas comunidades cristãs de base das várias Igrejas que eles de massa se transformam em povo e pela fé se fazem povo de Deus.

A teologia da libertação não se sente atingida, em sua intuição originária, pela implosão do socialismo e pela crise da racionalidade marxista. Marx não foi nem pai nem padrinho da teologia da libertação. A opção da teologia da libertação nunca foi pelo marxismo ou pelo socialismo, mas pelos pobres. E o socialismo é visto como uma mediação para realizar melhor a vida e a justiça dos oprimidos. A teologia da libertação, como já o escrevemos neste livro, vive de sua intuição original, a de ter descoberto a íntima conexão que existe entre o Deus da vida, o pobre e a libertação. Disso fez uma espiritualidade, uma prática pastoral e uma teologia. E é bom para os pobres e para todas as Igrejas.

O marxismo enriquecido pela análise cultural, ecológica e feminista continua sendo um instrumento nas mãos dos oprimidos para desmascarar os mecanismos que produzem sua pobreza. Aquilo que de verdadeiro foi visto um dia pelo marxismo – conservadas tais condições de miséria – será verdadeiro sempre. Não somos como os sofistas, que para cada auditório tinham uma verdade.

A verdade da exploração capitalista comprova-se na degradação do tecido social dos países ricos e nas vidas estraçalhadas dos operários e dos abandonados de nossas sociedades periféricas. A implosão do socialismo autoritário não perdoa os pecados e a perversidade intrínsecos ao capitalismo. Esses devem ser denunciados exatamente agora em que ele se sente eufórico e triunfante.

3. É possível um cristianismo revolucionário

A contribuição dos cristãos da Nicarágua foi de dupla ordem – prática e teórica. Praticamente, por razões de Evangelho, eles ajudaram a fazer a revolução contra um dos regimes mais opressores da história latino-americana; depois constituíram uma força significativa na consolidação da nova ordem (sandinista-socialista), em especial no campo da saúde e da educação.

Teoricamente, mostraram que é possível romper o cativeiro a que está submetido o cristianismo dentro da ordem capitalista, pois há séculos vive com ela uma aliança malfazeja. Provaram, também, que é possível um cristianismo revolucionário, não por razões conjunturais e políticas, mas intrínsecas ao próprio Evangelho. Pois o Evangelho, na medida em que guarda a "memória subversiva de Jesus de Nazaré, que pessoalmente fez uma opção pelos pobres, é sempre revolucionário; obriga-nos a ver a história a partir de seu reverso porque essa foi a ótica de Jesus, e a construí-la a partir dos últimos, as vítimas de nossos sistemas de convivência. Os cristãos nicaragüenses mostraram tudo isso de maneira prática e teórica.

Eles deram uma contribuição inestimável ao cristianismo mundial, desbloqueando os preconceitos contra a idéia de revolução e inaugurando práticas libertadoras. Que tenham perdido uma eleição são coisas da política que têm uma explicação política compreensível. O povo não votou contra a revolução, votou pelo fim da guerra suja e pela paz.

O desafio ao qual os cristãos nicaragüenses responderam continua sendo apresentado a todos os cristãos que vivem na periferia do império capitalista: o de fazer da fé uma força de protestação, resistência, mobilização e libertação dos oprimidos. E isso como conseqüência da fé cristã e da prática de Jesus, quando percebidas em sua relevância histórico-social, e não como instrumentalização conjuntural da fé e da prática de Jesus em função de certos interesses – seja de cristãos, seja de outros.

Em 1612, Felipe Guamán Poma de Ayala, indígena peruano da estirpe dos incas, depois de ter vivido 30 anos na Espanha, regressou ao Peru e por mais 30 anos fez-se conscientemente pobre e andava por todas as partes "em busca dos pobres de Jesus Cristo". Muitas vezes, em face da miséria a que seus irmãos e irmãs eram submetidos, transformou sua indignação em oração: "Dios mío, adónde estás? No me oyes para el remedio de tus pobres, que yo harto remediado ando." Ele deu – como leigo, indígena, pobre – um exemplo que não foi acolhido ainda nas Igrejas da América Latina. Ele viveu "indianamente" um cristianismo inconformado e cheio de ânsias de libertação. Pelo grito dos oprimidos de nosso continente chega-nos a interpelação de Deus. Aqui não se trata de socialismo ou capitalismo, mas de obediência à Palavra que nos convida a um compromisso de transformação social.

Essa é a Palavra dirigida às Igrejas. Elas podem colaborar com outros no resgate dos condenados do mundo, na preservação do criado e na construção de uma liberdade que ainda não foi vivida mundialmente como pode e deve ser vivida nos tempos atuais. Uma liberdade social e pessoal, liberdade solidária, liberdade compassiva ante os afligidos pelos dramas da vida, liberdade para reforçar a liberdade dos outros, para amar o Universo e cada coisa dentro dele com afeição, vigor e ternura.

REFERÊNCIAS BIBLIOGRÁFICAS

C. Boff, *Cartas teológicas sobre o socialismo*, Petrópolis, Vozes, 1989.

F. J. Hinkelammert, *Las armas ideológicas de la muerte*, Costa Rica, DEI, 1981.

G. Girardi, *Marxismo e cristianesimo*, Assis, Cittadella, 1986.

________. *Sandinismo, marxismo e cristianesimo*, Roma, Borla, 1986.

J. R. Regidor e A. Gecchelin, *Cristiani per il socialismo, storia, problemativa e prospettive*, Milão, Mondadori, 1977.

N. Bobbio, *Qual socialismo?*, Rio de Janeiro, Paz e Terra, 1983.

P. Pombeni, *Socialismo e cristianesimo: 1815-1975*, Brescia, Queriniana, 1977.

P. Singer, *O que é socialismo hoje*, Petrópolis, Vozes, 1980.

T. Santos, *Democracia e socialismo no capitalismo dependente*, Petrópolis, Vozes, 1991.

Vários autores, "A religião e o socialismo real". Todo o número 6 da revista de cultura *Vozes* de 1987.

Vários autores, "100 páginas sobre que fué del socialismo". *Cuarto Intermedio*, Cochabamba, n. 17, 1990.

Vários autores, "Cristianismo e socialismo". Todo o número 5 da revista internacional *Concilium*, Petrópolis, Vozes, 1977.

Vários autores, *Dando razón de nuestra esperanza. Los cristianos latino-americanos frente a la crisis del socialismo y la derrota sandinista*, Manágua, Ediciones Nicarao, 1991.

Vários autores, *Dilemas do socialismo*, Rio de Janeiro, Paz e Terra, 1982.

Vários autores, *1917-1987. Socialismo em debate*, São Paulo, Instituto Cajamar, 1988.

Capítulo VI

CIÊNCIA, TECNOLOGIA, PODER E TEOLOGIA DA LIBERTAÇÃO

A teologia da libertação representa a reflexão daqueles setores das Igrejas que assumiram as lutas populares visando a transformações sociais que possibilitassem a satisfação das necessidades básicas e, com isso, a realização dos direitos humanos fundamentais. Ela nasceu, e continuamente nasce, do confronto entre miséria e Evangelho, entre situação coletiva de pobreza e sede de justiça, a partir de uma prática de libertação real que tem os próprios pobres como sujeito das transformações.

1. O sistema capitalista dependente e a não-satisfação das necessidades básicas

A experiência concreta e cruel que os grupos populares organizados fizeram a partir da década de 1960, experiência compartilhada por muitos cristãos (entre eles bispos, padres, teólogos e agentes de pastoral), era esta: a dinâmica do sistema socioeconômico vigente objetivamente contraria e continua contrariando a satisfação das necessidades básicas e a implementação dos direitos pessoais e sociais das grandes maiorias. Tanto no modelo de aliança da burguesia nacional com os setores populares (populismo) quanto no modelo de aliança dos grupos nacionais com os conglomerados transnacionais ("aliança para o progresso") – ou recentemente no moderno Estado neoliberal, transnacionalizado e populista (modernização) – o desenvolvimento é feito à custa do maior empobrecimento dos setores populares. Estes ou são explorados pelo sistema (estão dentro dele) ou são excluídos dele (estão fora dele).

Hoje, na América Latina, o problema mais desafiante não é constituído pelos pobres dentro do sistema imperante, mas pelos 30% a 40% dos excluídos e destituídos que compõem vasto lumpesinato. Economicamente são zeros, pois sua produção e seu consumo são irrelevantes para a contabilidade nacional. Politicamente contam, pois podem votar e decidem eleições. Votam em candidatos que lhes falam à subjetividade profunda; que conseguem articular as carências básicas com o mito de um grande pai (que tem as características da mãe protetora) ou de um herói, salvador da pátria, que lhes pode conceder pão, teto, saúde, lazer. Por isso surge o novo populismo moderno, hábil em manejar tais desejos e fraco em poder concretizá-los politicamente.

A não-satisfação das necessidades básicas é vivida como opressão. Não somente parece improvável, mas concretamente mostra ser impossível que o sistema socioeconômico dominante, em sua realização no Terceiro Mundo, atenda aos requerimentos básicos de vida e reprodução de vida das grandes maiorias da população.

A experiência é esta: dentro do sistema liberal-capitalista dependente, portanto do capitalismo no Terceiro Mundo, nas antigas colônias, não há salvação para os pobres, para os direitos fundamentais e para a satisfação societária das necessidades básicas. Portanto, importa romper com semelhante sistema. A alternativa pode não ser clara. Clara é a verificação de que não podemos esperar nenhuma saída para os trabalhadores assalariados e os excluídos dentro da lógica do capital.

A afirmação do papa na *Centesimus Annus* de que para o Terceiro Mundo a alternativa ao capitalismo não deve ser buscada na linha do socialismo, mas sim no próprio capitalismo corrigido (nº 42), aprofunda ainda mais a desesperança dos oprimidos. Com a bênção do papa, os capitalistas podem tranqüilamente condenar os pobres do mundo a outros cem anos (*centesimus annus*) de suor e de lágrimas. Nunca o magistério papal esteve tão longe da verdade e da compaixão para com os condenados da Terra.

A lógica férrea, vale dizer, o motor secreto do capital, é a maximização da renda no prazo mais curto possível. Caso não observe essa lei, a empresa corre o risco de falência por causa da concorrência movida por outras empresas que se regem por esse mecanismo. Há somente abrandamentos dessa lógica quando estiver garantida a estabilidade do mercado e no quadro de exceções ocasionais (colaboração eventual para diminuir os níveis de inflação). Hoje, no processo de continentalização das economias no quadro no mercado mundializado, essa lei não mudou. Pelo contrário, sua observância é absolutamente exigida. Quem não triunfa no mercado, desaparece. O que não está no mercado, não existe.

Em face desse quadro sinistro para os pobres busca-se a libertação. A libertação só é real quando se criam as condições políticas para a realização da justiça societária. E a justiça societária pressupõe o poder e uma qualidade nova de seu exercício. Portanto, busca-se o poder popular para a justiça societária a fim de, com eficácia e eficiência, alcançar a satisfação das necessidades básicas. Sem a satisfação dessas necessidades, que tipo de liberdade societária podemos realizar?

2. Poder popular para satisfazer às necessidades e garantir a liberdade

A teologia da libertação encara a ciência e a técnica de acordo com o seguinte triângulo: satisfação das necessidades básicas, justiça societária e poder. Em outras palavras, busca-se o poder popular para, por meio dele, garantir a satisfação das necessidades básicas e, assim, realizar a justiça societária.

Portanto, ciência e tecnologia não constituem realidades neutras, constituídas em si mesmas (a racionalidade instrumental), mas são dependentes do sistema de organização social, política, econômica e cultural. A partir da perspectiva dos pobres do Terceiro Mundo, ciência e tecnologia são hoje as novas caravelas, as grandes armas de manutenção da dependência política e de garantia da hegemonia econômica sobre nações e povos que não detêm a produção, o estoque e a venda de tais bens. Essa constatação não leva a um rechaço obscurantista da ciência e da técnica. Necessitamos delas para satisfazer às necessidades básicas dos seres humanos, hoje em escala mundial. Mas queremos que sejam integradas politicamente dentro de uma sociedade que se proponha fins mais excelentes que o ilimitado crescimento (com a violência ecológica que ele implica) e a maximização do lucro no prazo mais curto possível (com a produção de marginalização e exclusão de grandes maiorias).

A teologia da libertação comunga com o projeto político de muitos grupos sociais que postulam uma sociedade centrada na dignidade da pessoa humana e na participação que, pelo *trabalho*, satisfaz às necessidades básicas de pão, teto, saúde, educação e lazer e abre os espaços de liberdade para a criatividade e a construção coletiva da sociedade. Com isso, a teologia da libertação opõe-se ao *messianismo tecnológico* (o evangelho da técnica) do sistema imperante. Este pretende dar solução aos problemas do subdesenvolvimento, cuja não-solução deu origem ao pensamento libertário na política e na Igreja. Quer fazê-lo com aplicação intensiva de ciência e tecnologia para produzir pão e tudo o de que o ser humano precisa, para distribuí-los a todos os carentes. A biotecnologia busca tal meta política.

É a solução providencialista e assistencialista em escala mundial. Trata-se de um projeto de garantia da sobrevivência (dar o pão) e não da promoção de vida (criar as condições para produzir o pão). A teologia da libertação se opõe a esse tipo de boa vontade equivocada.

3. Messianismo tecnológico *versus* política de participação

A questão não se reduz à garantia da sobrevivência, como se o ser humano fosse apenas um animal faminto, um ser de necessidades. Mas supõe uma compreensão adequada do que seja a vida humana (um ser de liberdade, de solidariedade, de relações ilimitadas e capaz de comunicação, também com Deus). O ser humano concreto, como já dizia o poeta cubano Roberto Retamar, não tem apenas fome de pão, que pode ser saciável; tem também, porque é humano, fome de beleza, que é, no limite, insaciável. A lógica da vida humana não obedece apenas ao instinto de reprodução, mas visa a promoção e a expansão dos sistemas da vida. Essa lógica é estruturada pela liberdade, pela participação, pela comunicação e pela criatividade.

Portanto, não basta dar o pão, que pode ser alcançado pelo messianismo tecnológico. Se respeitarmos a lógica do humano, precisamos dar as condições para criar o pão, isto é, importa garantir o trabalho, mediante políticas de participação. Pelo trabalho e pela criatividade então presentes, o ser humano participa na produção do pão, constrói o teto, cuida da saúde, promove a educação, organiza o lazer e cria os códigos de comunicação e pronúncia do mundo. Ele não quer ser apenas um ser beneficiado por decisões e por uma história feita por outros. Mas quer ser participante de decisões e de uma história que ele também ajude a moldar. Portanto, ele quer construir sua subjetividade pessoal e coletiva. Somente assim ele se sentirá humano e construirá sua humanidade histórico-ecológico-social.

Em conclusão: a teologia da libertação procura criar clareza sobre o projeto societário. A partir dele, pensa o poder que se expressa pela ciência e pela tecnologia. Esse poder é, hoje, profundamente problemático, além de estar sendo exercido dentro de um projeto capitalista que produz má qualidade de vida tanto no chamado Primeiro Mundo quanto no mundo dos 2/3 pobres. O processo atual de mundialização se faz no quadro capitalista, não via religião, ética ou ideologia, mas via o mercado total, cujas necessidades são atendidas pela ciência e pela técnica (as necessidades do mercado não são em geral as necessidades dos seres humanos).

Entregue à sua própria dinâmica, o mercado acaba mercantilizando tudo e relegando à margem o que não representa rentabilidade. Mesmo que os megaconglomerados com seus *tecnobergs* consigam satisfazer as necessidades básicas, fica em aberto ainda a questão do que é o ser humano, sua liberdade, sua criatividade, sua participação e o sentido de sua vida que alcança muito além das necessidades materiais.

4. Requisitos para uma nova economia política mundializada

A teologia da libertação insiste nessa orientação: a globalização tecnológica deve se ordenar a um projeto político mundializado (nova economia política) que envolva humanização mínima, cidadania, eqüidade, bem-estar humano e ecológico, respeito às diferenças culturais e abertura para a reciprocidade e a complementaridade culturais. Consideremos, rapidamente, cada um desses requerimentos.

Humanização mínima: Todo ser humano deve ter o direito mínimo de persistir na existência. Isso quer dizer que deverá poder comer pelo menos uma vez ao dia, morar, ter um cuidado básico com sua saúde garantido. Os sistemas vigentes não colocam a pessoa humana em seu centro. Apenas sua força de trabalho (seus músculos, sua cabeça, seus pés de esportista etc.). É revolucionário hoje afirmar que devemos ter amizade e amor para com a pessoa humana como tal, para além de qualquer determinação étnica, religiosa ou cultural. A novidade dos movimentos dos direitos humanos no Terceiro Mundo é afirmá-los principalmente para as vítimas e colocar como lema básico de sua luta: "servir à vida a partir das vidas mais ameaçadas".

Cidadania: Tendencialmente, a organização social não deve produzir excluídos, mas potencialmente todos devem se sentir cidadãos da Terra, e se acostumar a pensar globalmente, embora atuem localmente em suas nações (com suas raízes culturais). A cidadania implica o antiautoritarismo e a concordância intrínseca com a pluralidade.

Eqüidade: Implica a certeza de poder desfrutar benefícios sociais e também de prevalecer certa correlação entre o que o cidadão contribui e o que, em contrapartida, recebe. Pela eqüidade, procura-se tornar mais concreto e viável o ideal político da igualdade, que passa a constituir um horizonte utópico, no sentido positivo do termo (uma referência que relativiza todas as concretizações e evoca sempre outras novas). A solidariedade entre grupos e nações alivia as rudezas das desigualdades sociais.

Bem-estar humano e ecológico: Os melhores projetos, práticas e organizações são aqueles que maximizam não somente a quantidade de bens e serviços, mas também, e principalmente, a qualidade de vida, como vida humana. Esta deve resultar do funcionamento global da sociedade. Ao bem-estar humano pertence a nova aliança que se estabelece entre os homens/mulheres e a natureza em termos de confraternização e veneração; pertence também a espiritualidade como a capacidade de comunicação com a subjetividade profunda das pessoas e com as mais diferentes alteridades, incluindo a alteridade de todos os seres da Criação e a Alteridade absoluta (Deus). Igualmente integra o bem-estar dos homens a expressão pluralista de valores e interpretações da vida, da história e do propósito último do Universo.

Respeito às diferenças culturais: O ser humano é um ser histórico e codificou diferentemente suas respostas às questões significativas de sua passagem pela Terra. Como existe uma arqueologia exterior (ecologia ambiental e social), há também uma arqueologia interior (ecologia profunda), ela interpreta, valora e sonha a sua realidade a partir de experiências cumulativas. Toda essa diversidade mostra a riqueza do que é a aventura do ser humano. Ela pode ser comunicada e enriquecer a todos. A despeito do fato de a ciência e a técnica tenderem a homogeneizar tudo, pode-se produzir singularidades pela apropriação cultural específica que se faz desses processos. Cada cultura apresenta uma forma distinta de se viver a solidariedade, de se festejar, de se integrar o trabalho e o lazer, de se articular os grandes sonhos com a realidade crua. A ciência e a técnica são momentos dessa forma de habitar o mundo e de o ser humano sentir-se integrado num todo ecológico maior.

Reciprocidade e complementaridade culturais: Não basta o reconhecimento da alteridade, esse ato de respeito se ordena ao aprendizado dos valores dos outros, ao desenvolvimento da reciprocidade (troca de experiências e saberes) e complementaridade mútua. Nenhuma cultura expressa a totalidade do potencial criativo humano. Por isso, uma cultura pode completar a outra. Todas juntas mostram a versatilidade do mistério do ser humano e as distintas formas de realizarmos nossa humanidade. Por isso, cada cultura representa uma riqueza inestimável (língua, filosofia, religião, artes, técnicas, numa palavra, as formas de habitar o mundo), sejam as culturas singelas da Amazônia, sejam as culturas assim chamadas modernas científico-técnicas.

A teologia da libertação, para finalizar, vê a ciência, a técnica e o poder como partes do projeto de resgate, construção, consolidação e expansão da vida e da liberdade humanas, a partir daqueles que menos vida e liberdade gozam. Vida e liberdade constituem os bens maiores e mais desejáveis da existência, sem os quais continuamos a nos sentir escravos de necessidades e com os quais nos percebemos filhos e filhas da alegria.

REFERÊNCIAS BIBLIOGRÁFICAS

A. Papisca, *Democrazia internazionale, via di pace*, Milão, Angeli, 1990.

F. J. Hinkelammert, *Las armas ideológicas de la muerte*, Costa Rica, DEI, 1981.

G. Pasquino, *Alla ricerca dello scettro perduto: democrazia, sovranità, riforme*, Bolonha, Il Mulino, 1980.

H. Assmann e F. Hinkelammert, *A idolatria do mercado. Ensaio sobre economia e teologia*, Petrópolis, Vozes, 1989.

K. Polanyi, *La grande trasformazione: le origini economiche e politiche della nostra epoca*, Torino, Einaudi, 1974.

L. Boff, "Os pobres como baricentro de uma possível política mundial", revista de cultura *Vozes*, nº 85, Petrópolis, 1991, p. 438-51.

M. Arruda, *Aos empresários tudo, aos operários a lei*, Petrópolis, Vozes, 1991.

R. Petrella, *La mondialisation de la technologie et de l'économie*, Bruxelas, Futuribles, n. 135, set. 1989.

Vários autores, "Mundialização". Todo o número da revista Vozes, jul.-ago. 1991.

Vários autores, *Tecnología y necesidades básicas*, Costa Rica, EDUCA, 1979.

Capítulo VII

TEOLOGIA DA PEQUENA LIBERTAÇÃO

Uma trajetória pessoal

A teologia da libertação conheceu um processo de afunilamento crescente. Iniciou-se na década de 1960 trabalhando a divisão mais profunda das sociedades latino-americanas, entre a pobreza e a riqueza, a exploração e a acumulação. É uma injustiça que remete a uma crítica e a uma superação do sistema social que produz e reproduz continuamente esse dualismo atroz. O sujeito de semelhante transformação seriam as classes populares exploradas, articuladas entre si e portadoras de um projeto democrático de base – expressão latino-americana da utopia socialista. Mas as opressões têm muitos rostos. Tomamos consciência da opressão de tipo cultural e étnico. As culturas-testemunho da América Latina (incas, maias, quíchuas, aimarás, tupi-guaranis e outras) foram violentamente submetidas e, em grande parte, destruídas. É graça de Deus que elas persistam até hoje para poderem denunciar a dilaceração que padeceram e refazer as matrizes que, apesar da opressão, guardaram.

Em razão disso está sendo elaborada uma teologia da cultura de cunho libertador que pouco tem a ver com a teologia culturalista e populista desenvolvida em algumas partes de nosso continente. Em seguida, cresceu a consciência da opressão de tipo racial, principalmente dos negros. Essa é uma das opressões mais onerosas de nossa sociedade. Os negros foram escravizados e guardam as chagas até os dias de hoje. Foram reduzidos a peças e a combustível humano na maquinaria da produção do açúcar, do fumo e do café. Na mentalidade de nossas classes dominantes perdura ainda a idéia de que o negro não é plenamente humano e que, por isso, pode ser tratado com violência e discriminação. Primeiramente nos Estados Unidos e hoje um pouco por todas as partes na América Latina, está surgindo uma vigorosa e profética teologia negra da libertação. Trata-se de resgatar a dignidade da raça negra, a legitimidade de sua cultura e a validade de suas religiões.

1. Demanda global de libertação

Identificou-se também um outro tipo de opressão – a sexual – da mulher, secularmente submetida ao domínio do homem em quase todas as culturas vigentes. Nossa cultura e nossas matrizes de percepção da realidade, também religiosa, são machistas e por isso marginalizadoras da mulher. O resultado dessa reflexão e da correspondente prática de libertação é uma vigorosa teologia feminista que permite a todos – homens e mulheres – ser mais plenamente humanos. Por fim, a reflexão debruçou-se sobre outras formas de opressão que demandam também sua correspondente libertação, os excepcionais, os velhos, os menores, os desempregados, os drogados, os homossexuais e os aidéticos.

Cada opressão específica demanda também uma libertação específica. Entretanto, não se há de perder de vista a opressão fundamental, a socioeconômica. As demais são sempre sobredeterminações dessa opressão de base. A opressão socioeconômica remete à luta de classes (condenada por Deus e não querida pelos cristãos, apesar de sua brutalidade factual); nela, os grupos mostram seu antagonismo e seus interesses irreconciliáveis. A luta da mulher, do negro e do índio coloca em jogo grupos não-antagônicos por natureza. Seus interesses de base, em princípio, são reconciliáveis. O negro pode reconciliar-se com o latino, o índio com o homem da cultura técnica, a mulher com o homem. O operário explorado em nosso sistema nunca poderá reconciliar-se com o patrão explorador. Essa opressão socioeconômica agrava as demais: os negros, os índios e as mulheres são ainda mais dominados quando explorados e empobrecidos.

Essas várias opressões referidas a uma fundamental (mas não exclusiva, a socioeconômica) demandam um processo de libertação que vise uma nova forma de relações de produção, de ordenamento político e de criação de valores. É o grande projeto, de cunho político e também utópico, que está presente em todas as lutas dos oprimidos. Eles são os portadores dessa nova esperança, os agentes fundamentais das transformações, apoiados por aliados que assumiram sua casa, suas lutas e seu destino. Sob essa perspectiva, a teologia da libertação está trabalhando muito e de forma articulada em suas várias expressões.

2. Presença militante junto aos excluídos

Mas há também um derradeiro afunilamento da teologia da libertação, pesadamente presente naqueles que militam no dia-a-dia com os oprimidos e os miseráveis. A teologia da libertação impõe ao teólogo uma exigência de encarnação e participação militante na caminhada do povo. Na medida em que vai penetrando no continente dos oprimidos, descobre um novo universo, uma nova cultura, uma nova esperança ou formas extremas de desesperança.

Nesse nível, o teólogo vai mais e mais calando. Não são exigidas a boca e a cabeça pensante, mas o coração e as mãos. Aqui se está em um nível realmente último. Para além dele, é a morte. O projeto de base é a sobrevida; o garantir a comida mínima, uma vez ao dia; como e onde se esconder para passar a noite e guardar os mínimos pertences; como impedir que o filho cronicamente doente não morra; como garantir a relação rudimentar marido-mulher e pais-filhos.

Aqui não se trata do grande projeto de libertação, das estruturas econômicas, dos encaminhamentos políticos, das alianças necessárias, da articulação com as demais frentes de libertação. No nível objetivo, tudo isso é indispensável e necessário para transformar a situação de miséria. Mas a densidade da opressão e o atordoamento da luta pela sobrevivência impedem de formular, no nível subjetivo, tais questões. Elas são segundas. Supõem já o prato de comida feito, a cama pronta, o transporte garantido.

Nessas circunstâncias descobre-se a iniqüidade da pobreza. Ela é pecado que Deus jamais poderá querer. Ela é tão perversa que desestrutura as pessoas por dentro; elas ficam extremamente individualizadas (pois se trata de salvar a própria sobrevivência biológica), invejosas, amargas e carregadas dos desejos que a dominação capitalista lhes introjeta. Blasfemam contra Deus. Corrompem-se em suas relações humanas, sexuais e econômicas. É aqui que o teólogo se põe a pensar. Se Deus existe é para esses. Se Deus não existisse, deveríamos inventá-lo para dar um sentido último a esses servos sofredores, vítimas do sistema social, para reivindicar uma justiça derradeira que vai refazer suas vidas.

3. Filhos e filhas bem-amados

Se o céu não é desses que aqui na Terra só conheceram o inferno, então não quero entrar no céu do Deus dos moralistamente bons. Seria um Deus sem coração! Como viver eternamente com um Deus que não tem coração? Esses condenados da Terra são somente condenados da Terra, mas são os filhinhos e filhinhas amados de Deus. Eles atualizam permanentemente a figura do Servo Sofredor. Eles se salvam não porque possuem virtudes, mas porque participam da Paixão do Filho de Deus por sua própria paixão diuturna. Suas blasfêmias são súplicas que Deus escuta e que lhes agradam.

Talvez seja por causa deles que a salvação é permanentemente mediada a toda a humanidade. Em razão dessa salvação, que está neles por graça de Deus, irrompem de vez em quando manifestações humanas que nos restituem a fé em Deus e a esperança no Reino. Uma mulher segura sobre as pernas, como uma Pietà, o filho de quinze anos morto pela polícia; é o filho único, aquele que lhe fez a coleta para o seu necessário no lixão da cidade; está desesperada e já não chora mais porque suas lágrimas secaram; mas está profundamente desolada. Eu pergunto a ela: "A senhora tem ainda fé em Deus?" E ela me olha para cima com um olhar inesquecível, cheio daquilo que deve ser o divino em sua ternura: "Como vou duvidar de Deus que é meu Pai? Em que me agarro se não me agarro em Deus e não me sinto em suas mãos?"

Deus é tão real e tão presente que nem a desgraça mais cruel pode empanar essa fé. Marx estava equivocado. Nesse nível derradeiro, a fé não é ópio, é límpida libertação, aquela luz que espanca as trevas e garante a vida sobre a morte buscada por desespero ou a morte vinda por inanição. Essa situação nos faz entender a verdade do Evangelho de Jesus: "Felizes os pobres, de vocês é o Reino!" O Reino é de vocês porque Deus é Deus da vida, da ternura dos injustamente massacrados. Apesar de todas as vossas misérias sociais e morais, é para vocês que existe o Reino no qual há vida, liberdade, abundância de tudo o que a vida precisa. Só assim o Evangelho é boa notícia. Caso contrário, seria uma lição de moral como aquela dos sábios e dos piedosos. Só assim se supera radicalmente o farisaísmo das boas obras, do Deus que ama apenas os bons e não ama, como diz Lucas, "os ingratos e maus" (6, 35).

4. O céu dos excluídos

E nos damos conta como quase todas as Igrejas não aprenderam ainda essa lição e, por isso, nesse particular, permaneceram ainda no Antigo Testamento. A condição para compreender essa boa-nova é mergulhar sem retorno no inferno dos oprimidos. Aí se descobre o céu do Deus de Jesus Cristo. E esse é o único céu que vale a pena, porque inclui a todos os que nós excluímos.

O teólogo ou o agente de pastoral que caminha pelos meandros da vida dos empobrecidos deve estar disposto a viver um total despojamento. Não poderá mais ter seus tempos regulados, deverá renunciar aos seus descansos costumeiros, pois os pobres não descansam nem seus problemas dependem de nossos horários. Não renunciará a pensar porque pensar é um hábito da mente e um aguilhão do espírito. Mas reduzirá aos tempos possíveis sua produção literária. Sente-se chamado a viver a caridade em sua plena amplitude e menos a inteligência da fé em sua formulação teológica.

Não é sem razão que a cada dia mais os teólogos da libertação estão escrevendo menos. A identificação com os pobres, a assunção de suas vidas e lutas, os tornam companheiros em todos os momentos cruciais. E vivem de momentos cruciais. Não raro, quando temos tempo de ordenar os pensamentos e colocá-los por escrito, estamos tão cansados e dilacerados por dentro que não temos condições psicológicas e humanas de enfrentar tal tarefa.

Talvez nesse momento tenhamos chegado à plena libertação – quando nos libertamos de nós mesmos para sermos, o mais sinceramente possível, livres para os demais. E não falamos tanto de libertação. Mas vivemos sua dinâmica juntamente com os oprimidos que sobrevivem e sonham (é o que lhes resta) com a plena libertação. E ela virá. Aquele que a prometeu mostrou em si mesmo a plena libertação para todos.

REFERÊNCIAS BIBLIOGRÁFICAS

C. Boff, *Teologia-pé-no-chão*, Petrópolis, Vozes, 1984.

_______. *Como trabalhar com o povo*, Petrópolis, Vozes, 1987.

C. Mesters, *Seis dias nos porões da humanidade*, Petrópolis, Vozes, 1980.

_______. *Missão do povo que sofre*, Petrópolis, Vozes, 1987.

G. Gutiérrez, *Beber no próprio poço: itinerário espiritual de um povo*, Petrópolis, Vozes, 1985.

_______. *Falar de Deus a partir do sofrimento do inocente*, Petrópolis, Vozes, 1987.

J. Comblin, *O Espírito no mundo*, Petrópolis, Vozes, 1978.

_______. *O clamor dos oprimidos, o clamor de Jesus*, Petrópolis, Vozes, 1984.

L. Boff, *Atualidade da experiência de Deus*, Rio de Janeiro, CRB, 1974.

_______. *Via sacra da justiça*, Petrópolis, Vozes, 1978.

_______. *Teologia à escuta do povo*, Petrópolis, Vozes, 1984.

P. Richard, *A Igreja latino-americana entre o temor e a esperança*, São Paulo, Edições Paulinas, 1982.

R. Muñoz, *O Deus dos cristãos*, Petrópolis, Vozes, 1986.

Vários autores, *Breve diccionario teológico latinoamericano*, Santiago, Ediciones Rehue, 1992.

Vários autores, *Mysterium Liberationis: conceptos fundamentales de la teologia de la liberación*, Madri, Trotta, 1990.

TERCEIRA PARTE

APROFUNDAR A ESPIRITUALIDADE, ALIMENTAR A MÍSTICA

Espiritualidade. Espírito em seu sentido originário não constitui uma parte do ser humano, em distinção do corpo. É uma expressão para designar a totalidade do ser humano enquanto energia, sentido e vitalidade. O oposto do espírito nesse sentido não é, pois, o corpo, mas a morte. Espiritualidade significa viver segundo a dinâmica profunda da vida. Ela revela um lado exterior como conjunto de relações que concernem ao outro como homem e mulher, a sociedade e a natureza, produzindo solidariedade, respeito às diferenças, reciprocidade e sentido de complementação a partir dos outros. Possui também um lado interior que se realiza como diálogo com o eu profundo, com o grande ancião e anciã que moram dentro de nós, com o mistério que nos habita e que chamamos Deus, mediante a contemplação, a interiorização e a busca do próprio coração. A espiritualidade une os dois lados num processo dinâmico mediante o qual se vai construindo a integralidade da pessoa e sua união com tudo o que a cerca.

Mística. É uma palavra derivada de mistério. Mistério em seu sentido pessoal não significa o limite do conhecimento, mas o ilimitado em todo o conhecimento. Em todos os campos da experiência humana e cósmica topamos com o mistério. Ele é o outro lado e o profundo de toda a realidade. O órgão de sua captação é antes o coração que a mente. Pelo coração desenvolvemos a convicção de que, por detrás das estruturas da realidade, não vigoram o absurdo e o abismo, mas triunfam a ternura, a acolhida e o amor que se comunicam como alegria de viver, sentido de trabalho e sonho frutuoso de um universo de coisas e de pessoas, ligadas fortemente entre si e ancoradas no coração d'Aquele que se deixa experimentar como Pai e Mãe de infinita bondade. A partir de tais visões, todos os militantes, em qualquer campo, desenvolvem uma mística de luta e compromisso, quer dizer, aquele conjunto de convicções que mobilizam as pessoas e os grupos e os transformam em agentes de mudanças. Qual a mística imperativa para a situação atual de mundialização e de defesa dos direitos sociais das maiorias condenadas à exclusão e à miséria, mística de uma relação benevolente e fraterna para com a natureza?

Capítulo VIII

ALIMENTAR NOSSA MÍSTICA

Um dos fenômenos mais originais das sociedades latino-americanas é a proliferação dos movimentos sociais. Por movimentos sociais entendemos aqueles grupos que se formam ao redor de alguma reivindicação concreta não implementada pelo Estado ou não reconhecida pela sociedade organizada, a fim de conseguir seu atendimento. Em geral trata-se de uma luta por um direito fundamental violado ou não realizado. Assim surgem os movimentos por direitos humanos, numa perspectiva social, a partir dos direitos dos pobres por vida, trabalho e satisfação mínima das necessidades básicas, movimentos de camponeses sem-terra, grupos sem-teto, favelados, mulheres, meninos e meninas de rua, negros e índios e outros. Existem, ainda, núcleos de partidos com um projeto popular de transformação da sociedade, células sindicais, as várias pastorais sociais das Igrejas (por terra, moradia, saúde, participação política, negros, índios e pobres) e os distintos grupos de reflexão e ação.

Os participantes de tais movimentos são militantes, pessoas engajadas que tiram o tempo de seu lazer ou de seu sono para aprofundar as questões, se organizar e lutar por seus direitos negados. Tais movimentos enfrentam-se com estruturas injustas, com a insensibilidade histórica dos governantes pelas questões sociais atinentes às camadas populares e com o cinismo das elites, que encontram sempre mil truques para acalmar os grupos mobilizados e garantir sua hegemonia política e, com ela, seus privilégios.

Existem grupos que há séculos resistem aos processos de dominação e marginalização, como os negros e camponeses minimamente articulados. Outros, imbuídos de ideais humanitários e libertários, criaram grupos mobilizados politicamente e, em certas épocas, até militarmente para forçar as mudanças sociais necessárias e historicamente obviadas. Todos esses grupos testemunham a dramaticidade da luta, pois colhem sucessivos fracassos, vêem seus movimentos ameaçados, quando não até desmantelados pela repressão policial ou pelas forças oligárquicas. A história da América Latina é, em grande parte, escrita com lágrimas e sangue; as sepulturas de tantas vítimas continuam abertas, pois a opressão nunca termina – mas também não arrefecem a resistência e os intentos de libertação.

Qual a força secreta que sustenta todos esses movimentos? Donde haure esperança para continuar a sonhar, a resistir e a querer uma sociedade mais humana e feliz para eles e seus filhos e filhas?

No nosso continente sempre houve espíritos que se deixaram inspirar pela utopia, originária do cristianismo, de uma sociedade fraternal e sororal, justa e participativa, carregada de ternura pelos pobres e marginalizados, consciente das conseqüências sociais do fato da filiação divina de cada pessoa humana. Em nome disso, defenderam desde o início da colonização índios e escravos negros, operários explorados e grupos excluídos. A opção das Igrejas pelos pobres traduz emblematicamente para os nossos dias as dimensões libertárias da memória "subversiva" de Jesus de Nazaré.

Outros retomam os ideais emancipatórios da revolução francesa de liberdade, igualdade e fraternidade e se empenham para realizá-los numa sociedade que se organiza na negação de tais princípios. Estes buscam divulgar o projeto de uma democracia participativa e popular por meio de grupos de reflexão e de militância política, de participação em partidos chamados progressistas.

Para milhões o socialismo e o marxismo foram uma torrente de generosidade e uma fonte inspiradora de verdadeiro amor aos oprimidos e de visões revolucionárias e práticas libertárias em todas as instâncias através das quais se organiza a sociedade. Apesar da crise do socialismo "real", que é um tipo de organização da sociedade e do Estado (como, por exemplo, por meio da concepção leninista do partido único), o ideário socialista permanece como uma vertente mobilizadora de engajamento social. O socialismo nasceu de uma profunda indignação em face da miséria e de um ato de amor político e revolucionário pelos oprimidos das sociedades marcadas pela desigualdade social. Para outros é um humanismo radical e uma ética da compaixão e da solidariedade que motivam compromissos sérios em defesa de índios, negros, mulheres, aidéticos, hansenianos e outros penalizados pela sociedade dominante.

É nesse contexto que cabe falar em mística do engajamento e da luta, sem os constrangimentos ou pruridos motivados pelas ressonâncias religiosas da palavra mística. Antes pelo contrário, cresce dia a dia o número daqueles que se entendem dentro de uma perspectiva holística e integral da existência humana. Procuram descobrir em si as várias dimensões do mistério da vida e os níveis de profundidade da indagação humana. Identificam aí os grandes sonhos e visões de um novo mundo e de relações humanas e sociais mais benevolentes e amorosas que povoam nosso imaginário e que, de tempos em tempos, incendeiam os corações. Nesse contexto ganha sentido falar de espiritualidade e de Deus. Não como realidades pensadas em si mesmas, mas como referências presentes nos embates, nas grandes decisões, nos avanços e recuos, enfim, no drama humano e histórico. Particularmente forte é seu significado lá onde as pessoas e grupos se confrontam com o fracasso e a derrota e, ao mesmo tempo, mantêm a coragem para resistir, protestar, empenhar-se, arriscar-se em prol de causas dignas. Donde lhes vêm tal energia vital e entusiasmo?

Falar, então, em mística não significa despistar a resposta às questões formuladas nem mistificar a realidade, mas colher seu lado mais luminoso, aquela dimensão que alimenta as energias vitais para além do princípio do interesse, dos fracassos e dos sucessos. Espiritualidade e mística pertencem à vida em sua integralidade e em sua sacralidade. Daí nascem o dinamismo da resistência e a permanente vontade de libertação.

1. O que é mística?

A palavra *mística* é adjetivo de mistério. *Mistério* possui muitos sentidos, vários deles pejorativos. Na linguagem comum, usa-se a palavra *mistério* para concluir uma reflexão que esgotou as capacidades da razão e não consegue mais produzir luz. Ou, então, para indicar intenções ou realidades escondidas ao comum dos mortais. *Mistério* pode significar também a aura de interesse, curiosidade e fascinação que uma pessoa irradia: "Que mistério tem Clarice?"

Originariamente, a palavra *mistério* (*mystérion* em grego, que provém de *múein*, que quer dizer "perceber o caráter escondido, não-comunicado de uma realidade ou de uma intenção") não possui um conteúdo teórico, mas está ligada à experiência religiosa, nos ritos de iniciação. A pessoa é levada a experimentar, por meio de celebrações, cânticos, danças, dramatizações e realização de gestos rituais, uma revelação ou uma iluminação conservada por um grupo determinado e fechado. Importa enfatizar o fato de que *mistério* está ligado a essa vivência/experiência globalizante.

Não se trata de ouvir uma catequese sobre uma doutrina de difícil acesso ou de receber lições sobre certa visão secreta das coisas. Mas trata-se de fazer uma experiência religiosa comunitária. A esse processo experimental chamou-se mistério, para dizer que é comunicado a um grupo que se dispõe a isso e não simplesmente a qualquer assistente curioso.

Somente mais tarde, num interesse filosofante distanciado já da experiência, se usa mistério para designar o lado supra-social-comunitário (racional) de uma doutrina ou revelação. Então, fala-se dos mistérios cristãos da Santíssima Trindade, da Encarnação, da Graça etc. Mas aqui já estamos em plena reflexão teológica, e não de uma experiência mística. Isso não impede que esses "mistérios" para o professador escondam e propiciem uma experiência verdadeiramente mística.

Queremos nos deter em alguns significados positivos de *mistério* e de *mística*, que nos ajudem a entender a força que está presente na militância. Nossa intenção é prática, pois queremos reforçá-la e aprofundá-la. Vamos seguir uma lógica adequada à compreensão atual, mesmo nos distanciando do sentido originário das palavras assim como foi constituído no passado.

2. Sentido antropológico-existencial de *mistério* e *mística*

Mistério não equivale a enigma que, decifrado, desaparece. Mistério designa a dimensão de profundidade que se inscreve em cada pessoa, em cada ser e na totalidade da realidade, e que possui um caráter definitivamente indecifrável.

Por mais que conheçamos uma coisa concreta com o recurso das várias achegas (emocional, mítica, intuitiva, científica, holística), mesmo a mais material, quer o mundo infinitamente pequeno, quer o mundo infinitamente grande, sempre nos damos conta de que há ainda lados a considerar e perspectivas a captar. Quando, então, nos confrontamos com o infinitamente complexo – a pessoa humana, homem e mulher – somente então tomamos consciência clara do que significam existencialmente, no nível experiencial, um mistério e a atitude em face dele, que é a mística.

Cada pessoa é um mistério. Podemos conhecê-la por meio de um longo convívio com ela, pela intimidade do amor ou pelas abordagens das ciências e das várias tradições da humanidade. Mesmo assim, ninguém poderá decifrar e definir quem são Maristela, Márcia, José Américo, Fernando ou quem quer que seja. A pessoa emerge para si mesma e para os outros um mistério desafiador. Somente sabemos o que cada um revela de si mesmo ao largo da vida, nos encontros livres, e o que se mostra para fora e pode ser captado pelas várias formas de apreensão que temos desenvolvido. Mas apesar dessa diligência toda, cada um permanece virgem e sempre aberto a novas abordagens. É o mistério vivo e pessoal.

Mistério, portanto, não constitui uma realidade que se opõe ao conhecimento. Pertence ao mistério ser conhecido; mas pertence também ao mistério continuar mistério no conhecimento. Aqui está o paradoxo do mistério. Ele não é o limite da razão. Ao contrário, é o ilimitado da razão. Por mais que conheçamos uma realidade, jamais se esgota nossa capacidade de conhecê-la mais e melhor. Sempre podemos conhecê-la mais e mais. E isso indefinidamente.

Em razão dessa constatação não podemos absolutizar nosso paradigma moderno, que é científico-experimental e técnico. Este não desnuda todas as dimensões da realidade, apenas aquelas que entram no diálogo experimental com a natureza. Ainda assim, esse diálogo nunca termina. Há também outras formas de diálogo, pois as várias culturas e os vários tempos históricos desenvolveram mil formas de conhecimento, seja pelos sonhos, pela intuição, pelos mitos e símbolos, pela reflexão religiosa e filosófica, e outras mais.

Aquilo a que chamamos realidade apresenta-se incomensuravelmente maior que nossa razão e nossa vontade de dominar pelo conhecimento. A pessoa humana, *a fortiori*, é mais que todos os sistemas de compreensão ou que as formas do convívio social. Ela, por mais diferente e até temível que seja, surge como um mistério; este mistério se entrega sob as formas mais ambíguas. Por um lado, pode vir carregado de ternura, de vontade de comunhão e de comunicação no desejo de acolher e de ser acolhido. Por outro pode também se revelar sinistro e aterrador por sua capacidade de destruir, de excluir e de se comportar como lobo para outro semelhante.

O órgão para captar esse mistério é o coração e aquilo que Pascal chamou de *esprit de finesse* (espírito de fineza). É uma atitude de simpatia fundamental, uma capacidade básica de sentir os outros em sua situação concreta (coração). Pelo espírito de fineza nos descobrimos a nós mesmos como vulneráveis. Somos afetados pelos outros e podemos afetá-los, despojando-nos do cálculo, do interesse e da vontade de poder (*esprit de géometrie*).

Essa compreensão é existencial e é vivida por todos. Mesmo sábios e cientistas como Niels Bohr, Werner Heisenberg, Max Planck, David Bohm e Albert Einstein, entre outros, testemunham a experiência do mistério. Em 1938, em seu ensaio *Como vejo o mundo*, escrevia Einstein:

> O mistério da vida me causa a mais forte emoção. É esse sentimento que suscita a beleza e a verdade, cria a arte e a ciência. Se alguém não conhece essa sensação do mistério ou não pode mais experimentar espanto ou surpresa já é um morto-vivo e seus olhos se cegaram. Aureolada de temor é a realidade secreta do mistério que constitui também a religião. (p. 12)

Einstein considera a percepção do mistério fundamental para o cientista criador, porque lhe permite ficar sensível àquelas dimensões não captadas pelas fórmulas científicas e conservar sempre a humildade de aprender. Muitas vezes repetia: "Afirmo com todo o vigor que a religião cósmica é o móvel mais poderoso e mais generoso da pesquisa científica... o espírito científico, armado fortemente com seu método, não existe sem a religiosidade cósmica" (*Como vejo o mundo*, p. 22-3).

Aqui não se trata de uma doutrina ou ideologia, mas de uma experiência basal da realidade em seu caráter incomensurável à razão analítica. As atitudes que dela se derivam são a veneração, o encantamento e a humildade diante da realidade. Exatamente essa atitude em face do mistério, vivida em profundidade, chama-se mística.

A ciência fala racionalmente como são as coisas. O fato, entretanto, de que as coisas existem não pode ser falado. Não sendo falado, fundamenta, no entanto, todas as falas. É o mistério das coisas. Diante do mistério da existência nos admiramos e nos alegramos. É o olhar místico e contemplativo.

Claude Lévi-Strauss, conhecido antropólogo que trabalhou muitos anos no Brasil e no meio dos índios, escreve num balanço de fim de vida intelectual:

> Deponho minha fé no conhecimento científico; tudo o que os físicos e os biólogos ensinam me apaixona; nada estimula mais minha reflexão; ao mesmo tempo, parece-me que cada problema resolvido, ou que acreditamos resolvido, faz surgir novos problemas e assim por diante, indefinidamente, de modo que nos compenetramos cada vez mais da certeza de que a natureza do real escapa a qualquer esforço de representação. (Didier Eribon, *Claude Lévi-Strauss, de perto e de longe*, p. 207)

Uma coisa é o real, outra coisa é nossa representação dele. Esta fica sempre aquém e chega sempre depois do real. Essa experiência de que o real sempre desdobra de nosso conceito, de nossas linguagens e símbolos constitui a experiência do mistério conhecido, e sempre por conhecer. Por isso o mistério está sempre ligado à paixão, ao entusiasmo e às grandes emoções, numa palavra, ao movimento mais profundo e maior da vida.

Bem testemunhava Alceu Amoroso Lima, um dos maiores intelectuais cristãos do século XX no Brasil, em seu derradeiro livro intitulado *Tudo é mistério* (1983): "O mistério está na raiz, no tronco, na flor e no fruto de todas as coisas. O mistério, antes de nos afastar ou de nos ocultar a verdade, é o melhor e mais fecundo meio de a descobrirmos" (p. 9-10).

Abre-te ao mistério e verás que as doutrinas mais tradicionais vacilam, as fórmulas mais exatas evanescem e os símbolos mais poderosos evaporam-se. Acolhe o mistério no começo e no termo de tua busca, e acabarás encontrando uma verdade mais plena, mais humana e mais tua.

Alimentar a mística nesse nível significa manter uma abertura curiosa à realidade, desenvolver uma sensibilidade em face dos limites do nosso conhecimento, redimensionar-se sempre à riqueza da experiência, mostrar uma disposição permanente de aprender de qualquer fonte de saber e das várias tradições culturais e nutrir uma veneração humilde e entusiasta em face do fascínio do real que escapa sempre às nossas representações mas que continuamente também as alimenta: eis uma atitude mística. E ela é acessível a todos, sem exceção, basta ser humano e sensível.

3. Sentido religioso de mistério e mística

Quando as pessoas personalizam a experiência do mistério, sentem-se como que habitadas por ele e convidadas ao diálogo, à oração e a cair de joelhos diante de sua sacralidade, então surgem as religiões. Na raiz de cada religião está uma experiência do mistério.

Os que experimentam o mistério são os místicos. A experiência do mistério não se dá apenas no êxtase mas também cotidianamente, na experiência de respeito diante do sagrado da realidade e da vida. Quem não se extasia diante de uma criança que nasce? Quem não se enche de profundo respeito em face de um rosto sofrido e curtido de um indígena do altiplano da Bolívia? Quem não emudece diante dos pés grossos e calosos do camponês nordestino que trabalha no sertão árido de sol a sol? Nessas situações há uma sacralidade que se impõe por si mesma.

A mística não é, pois, privilégio de alguns bem-aventurados, mas é uma dimensão da vida humana, à qual todos têm acesso quando descem a um nível mais profundo de si mesmos, quando captam o outro lado das coisas e quando se sensibilizam diante da riqueza do outro e da grandiosidade, complexidade e harmonia do universo. Todos, pois, somos, num certo nível, místicos.

Os místicos dão nomes ao mistério. É sua ousadia, pois o mistério é inominável. Chamam-no de Deus, Atma, Tao, Javé, El Pai etc.

Não importa o nome. Será sempre uma etiqueta para o sem-nome. A partir dessa experiência de nomear o inominável, escrevia há séculos antes de Cristo o mestre chinês Chuang-Tzu: "O Tao é um nome que indica, sem definir. O Tao está para além das palavras e para além das coisas. Não se exprime nem por palavras nem pelo silêncio. Onde não existem nem mais palavras nem silêncio, o Tao é apreendido" (*A via de Chuang-Tzu*, p. 193).

Antes de tudo está a experiência do mistério, a experiência de Deus. Somente depois vem a fé. A fé não é, em primeiro lugar, a adesão a uma doutrina, por mais revelada e sobrenatural que se apresente. Quando isso ocorre, a "fé" tem as características da ideologia, vale dizer, de uma idéia ou convicção inculcada a partir de fora nas pessoas. Em razão desse caráter extrínseco podem surgir os fundamentalismos e as guerras de religião. Cada grupo afirma a sua verdade excluindo todos os demais.

A fé só tem sentido e é verdadeira quando significa resposta à experiência de Deus, feita pessoal e comunitariamente. Fé é, então, expressão de um encontro com Deus que envolve a totalidade da existência, o sentimento, o coração, a inteligência, a vontade. Os lugares e os tempos desse encontro transformam-se em sacramentais, pontos referenciais da experiência de uma superabundância de sentido inesquecível. Jacó deu um nome ao lugar onde encontrou Deus, chamou-o de Fanuel, pois disse: "Vi Deus face a face" (Gn 32, 31). A partir desse tipo de experiência é que surgem as teologias. Elas são um esforço de tradução para a razão (doutrina), para a prática (ética) e para a celebração (liturgia) dessa experiência fundadora. Os próprios nomes adjudicados a Deus escondem uma experiência originária. Assim, *Javé* significa o Deus que acompanha e está presente na vida do povo; ou *Elohim* quer dizer o Deus que ilumina o caminho e brilha na existência.

A crise atual das Igrejas e das religiões históricas reside na ausência sofrida de uma experiência profunda de Deus. Em seu lugar surgem os hierarcas, os missionários-cruzados, os mestres de doutrina, numa palavra, o poder religioso. Este está menos interessado na verdade de Deus, mas muito mais na segurança de seu sistema religioso. O que ele mais teme é o místico, o fiel que testemunha experimentar Deus e em nome d'Ele, sem pedir licença a ninguém, inaugura uma nova fala e introduz novos comportamentos.

As religiões são cristalizações posteriores da experiência mística. Suas instituições valem na medida em que conservam essa experiência, passam-na adiante às gerações posteriores e capacitam-se a suscitá-la nas pessoas que então se fazem religiosas.

As pessoas verdadeiramente religiosas, mais que um saber sacerdotal sobre Deus, possuem um saber místico, quer dizer, experiencial, urdido de encontros com a divindade. É desses encontros que elas revitalizam as instituições religiosas, conservam o entusiasmo e haurem energias para lutar e esperar dias mais justos, às vezes a despeito das Igrejas e das religiões instituídas.

4. Sentido cristão de mistério e mística

O judeu-cristianismo identifica o mistério e Deus na história do povo, particularmente, na história dos oprimidos. Por isso, afirma um Deus histórico, o Deus de Abraão, de Isaac, de Jacó, dos profetas e de Jesus de Nazaré. O Deus da história apresenta-se como um Deus ético. Por isso a mística bíblica é uma mística dos olhos abertos e das mãos operosas. Piedoso e servidor do Deus histórico é aquele que se compromete com a justiça, toma o partido do fraco e tem a coragem de denunciar a religião do puro louvor sem a mediação do amor ao próximo.

Deus é experimentado na luta dos oprimidos do Egito e dos cativos na Babilônia. Dele se diz que escuta o grito do oprimido e abandona sua luz inacessível – desce para colocar-se do lado dos injustiçados (cf. Ex 3, 4). Os que se sentem abandonados, os órfãos e peregrinos devem saber que seus direitos são direitos de Deus (cf.

Dt 10; Jr 22, 15; Pr 22, 22-23), pois, abandonados e não tendo ninguém para socorrê-los, são socorridos por Deus mesmo. Por isso se afirma que "o opressor do pobre injuria o Criador, mas honra a Deus quem se compadece dele" (Pr 14, 31). A obra do Messias é libertadora, na medida em que consiste em fazer justiça aos desamparados e visa a inaugurar a nova ordem de paz e fraternidade a partir dos últimos (cf. Is 4-9; 42-1-4).

Ao lado dessa mística do compromisso ético, pois Deus se encontra na ação justa e na relação amorosa para com os outros, existe também uma mística da contemplação. O Universo todo foi criado por Deus. Os seres humanos (homem e mulher) são lugares-tenentes de Deus, representantes divinos em seu ser e em seu agir. Em tudo podemos contemplar a marca registrada de Deus impressa nas criaturas e na realidade espiritual e corporal do ser humano. Tal saboreamento de Deus na obra da Criação e no trabalho humano permite a louvação e a exaltação da alma, que vibra e se entusiasma.

O Novo Testamento prolonga e radicaliza a mesma linha da experiência de Deus na história. Afirma que Deus entrou totalmente na realidade humana, pois se humanizou no judeu Jesus de Nazaré. A partir de agora, o lugar de encontro de Deus será de preferência na vida humana, particularmente, na vida dos crucificados. Esse Deus não se encarnou na figura do César em seu trono, nem do Sumo Sacerdote em seu altar, nem do Sábio em sua cátedra, mas na figura dos oprimidos e excluídos que acabam fora da cidade e crucificados. O mistério transcendente que se encarnou encontra-se crucificado. Grita na cruz por vida e quer ressuscitar.

A ressurreição de Jesus crucificado quer reafirmar o primado da justiça e da vida, anunciar a sacralidade da insurreição contra a ordem desse mundo e revelar a promessa, feita a todos os injustamente penalizados, de que eles também herdarão a plenitude da vida, quer dizer, a ressurreição. Pois Jesus se fez um deles. Seu destino feliz é destino prometido a todos os que tiveram sorte semelhante àquela de Jesus.

A mística cristã, porque é histórica, irá se orientar pelo seguimento de Jesus. Tal propósito implica um compromisso de solidariedade para com os pobres, pois Jesus se contou entre eles e pessoalmente optou pelos marginalizados das estradas do campo e das praças das cidades. Implica um compromisso de transformação pessoal e social, presente na utopia pregada por Jesus, do Reino de Deus que começa a realizar-se na justiça dos pobres e, a partir daí, para todos e para toda a Criação.

O seguimento de Jesus pela proposta nova que proclama introduz conflitos; há os que, por causa dessa proposta, se sentem prejudicados em seus interesses e reagem por meio da violência simbólica ou física. Por isso o seguimento pode comportar perseguições e até o martírio. Mas tudo é assumido jovialmente como preço a se pagar pela solidariedade para com os sofredores e para com o Servo sofredor Jesus. O cristão discerne, na paixão dos pobres e marginalizados, a presença e atualização da Paixão de Jesus, que continua agonizando na carne e no grito de seus irmãos e irmãs. Mas vê também nos avanços rumo à instauração da justiça e da promoção da vida os sinais da ressurreição acontecendo na história.

Há ainda uma outra vertente mística no Novo Testamento. Ela é claramente contemplativa. Ela afirma que tanto o Filho que se encarnou quanto o Espírito têm a ver com o mistério da Criação. Eles estão aí presentes, fermentando o processo de ascensão rumo ao Reino da Trindade. Eles de certa maneira recapitulam em si e no ser humano o universo e lhe dão a orientação segura de que convergirá numa síntese bem-aventurada. Ele também participará da ressurreição de toda a carne. Por isso há futuro para as estrelas, as montanhas, as plantas, os animais e os povos. A fé assegura o fato, mas deixa o modo como se fará esse fato oculto no horizonte do inefável e da surpresa para além desta vida.

Tal convicção permitiu já aos antigos cristãos falar do Cristo cósmico e da inabitação do Espírito nas energias do Universo e da vida. Essa onipresença crística e espiritual foi vivida por São Francisco de Assis, que via cada ser da Criação, desde o Sol e a Lua até os pássaros e a lesma do caminho, como sacramentos de Deus e como irmãos e irmãs. Teilhard de Chardin atualizou essa experiência no contexto da moderna cosmologia, procurando identificar no processo da crescente complexidade da matéria a emergência da consciência e o sinal inequívoco da proximidade de Deus. A cosmogênese abre-se à antropogênese, esta à cristogênese e esta à teogênese, até que Deus-comunhão se faça tudo em todas as coisas.

Se a mística do seguimento é histórica e das mãos abertas para a ação, a mística crística e espiritual é dos olhos abertos e cósmica. Ela procura a unidade em todas as diferenças, na medida em que um fio divino perpassa o universo, a consciência e a ação humana para uni-los para a frente e para cima, na perspectiva da suprema síntese com Deus, Ômega da evolução e da Criação. Essa mística da unidade e da união é bem testemunhada pela vertente vigorosa que vem dos padres gregos (Gregório de Nissa e Gregório Nazianzeno), passa pela tradição platônico-agostiniana, chega em São Boaventura, com o seu admirável *Itinerário da mente para dentro de Deus*, depois culmina com São João da Cruz (*Subida ao monte Carmelo*) e com Santa Teresa de Ávila (*O castelo e suas moradas*) até desembocar nos ardorosos textos místicos *O meio divino* e *Ciência e Cristo* de Teilhard de Chardin.

Por fim, a mística cristã permitiu uma derradeira elaboração da imagem de Deus, a trinitária e comunional. Deus não é solidão, mas comunhão de três divinas figuras, o Pai, o Filho e o Espírito. Elas são co-existentes e convivem eternamente sem nenhuma hierarquia entre si. Se são distintas é para poderem propiciar a autodoação e a comunhão entre elas. O entrelaçamento entre elas (pericórese, em linguagem teológica) de vida e de amor é de tal profundidade e radicalidade que elas se *uni-ficam* (ficam unas) e constituem um único Deus.

Dessa maneira, a Trindade não é um mistério absurdo, nem uma contradição matemática. É a suprema expressão da experiência que todos fazemos do amor e da comunhão humanos. No amor importa sermos distintos e não nos fundirmos. Mas importa fundamentalmente que a entrega de um ao outro seja de tal ordem que daí surja unidade suprema. Não basta o frente-a-frente do eu (Pai) e o tu (Filho), pois se cairia num narcisismo a dois. Decisivo é que o eu e o tu se encontrem num nós (Espírito Santo), como um terceiro que supera o isolamento de cada um. Dessa forma, a dialética é perfeita, não apenas de dois termos, mas de três, distintos, mas sempre entrelaçados.

Assim, a Trindade é a realização utópica daquilo que já se anuncia em nossa existência, homem-mulher-criança. Melhor: ela se realiza em nossa existência porque por detrás de nossa vida e do impulso de nosso amor, faz-se atuante a paixão das pessoas divinas. Elas são a melhor comunidade, o protótipo da sociedade que acolhe as diferenças e, pela comunhão entre os diferentes, cria a união.

O mistério comunional de Deus-Trindade não foi fruto do esforço especulativo dos primeiros pensadores cristãos. De forma quase ingênua e pré-reflexa, foi a forma como os discípulos de Cristo traduziram sua experiência com a figura histórica de Jesus, o Nazareno. Ele se entendia simplesmente como Filho. Relacionava-se com Deus como o seu Pai. E dele irradiavam tanto carisma e força de atração e convencimento que diziam: Ele é habitado pelo Espírito. Portanto, em Jesus descobrimos o mistério como Pai/Mãe, como Filho/Filha e como Espírito. Para exprimir essa experiência totalizante criaram, posteriormente, a expressão Trindade, para dizer: por detrás de tudo, de cada ser, dentro de cada vida e na dinâmica de cada paixão estão um amor e três amantes, uma comunhão e três sujeitos em relação. Não se multiplica Deus, apenas se descobre a natureza comunional e relacional do mistério divino.

A mística judeu-cristã, a despeito da mediocridade das instituições e da preguiça espiritual da maioria de seus professantes, apresenta-se como uma mística político-libertadora-contemplativa. Ela não aceita o mundo como está; quer mudá-lo e reconstruí-lo sobre a base da partilha, da solidariedade, da fraternidade/sororidade, do trabalho, do lazer e da veneração em face do mistério da Criação.

Empenhar-se nesse propósito significa sentir-se um servidor de Deus na história, um operador de sua política no mundo, que é a instauração do Reino que se realiza sempre e somente lá onde a partir dos últimos vige a justiça, reforça-se a colaboração, supera-se o espírito de vingança, concretiza-se o amor e vai dançando e cantando rumo à suprema integração de todas as coisas por Deus e em Deus.

5. Sentido sociopolítico de mística

Existe, ainda por fim, um sentido de mística usado por analistas sociais e políticos. Encontra-se em Max Weber ou Pierre Bourdieu e em outros, quando analisam a política como profissão e arte e discutem a importância dos atores carismáticos na transformação da sociedade. Mística significa, então, o conjunto de convicções profundas, as visões grandiosas e as paixões fortes que mobilizam as pessoas e movimentos na vontade de mudanças, ou que inspiram práticas capazes de afrontar quaisquer dificuldades, ou sustentam a esperança em face dos fracassos históricos.

Na mística político-social age sempre a utopia, aquela capacidade de projetar, a partir das potencialidades do real, novos sonhos, modelos alternativos e projetos diferentes de história. Em geral são os grupos oprimidos os portadores de novas visões, aqueles que, embora derrotados, nunca desistem, resistem firmemente e sempre retomam a luta. O que os movem são sonhos de uma realidade nova. Por isso desfatalizam a história, não reconhecem como ditado da história a situação injusta imposta e mantida pelas forças opressoras.

Enquanto houver visionários, a sociedade se manterá em movimento; haverá sempre um antipoder que se opõe ao poder dominante, existirão sempre os subversivos, surgirão sempre bandeiras libertadoras e articulações para levar avante a transformação da sociedade. Nisso tudo vai uma mística que se recusa a aceitar a situação dada, uma mística geradora de energia orientada para a construção de um futuro melhor.

Logicamente, a prática jamais traduzirá toda a utopia para a história (não seria, então, utopia), mas essa utopia deslanchará sempre energias novas para transformações que se acercam dela e, ao mesmo tempo, permitirá que se relativize toda conquista para que a história não se congele reacionariamente, mas se mantenha sempre aberta a novos avanços e a outras aproximações da utopia.

A mística é, pois, o motor secreto de todo compromisso, aquele entusiasmo que anima permanentemente o militante, aquele fogo interior que alenta as pessoas dentro da monotonia das tarefas cotidianas e, por fim, permite manter a soberania e a serenidade nos equívocos e nos fracassos. É a mística que nos faz antes aceitar uma derrota com honra do que buscar uma vitória com vergonha, pois esta é fruto da traição aos valores éticos e resultado das manipulações e mentiras.

6. Mística e militância

Não há militância sem paixão e mística, pouco importa a natureza da causa, seja religiosa, humanística ou política. O militante vive no mundo das excelências e dos valores em função dos quais vale gastar tempo, arrostar riscos e empenhar a própria vida. Aqui se trata não de ter idéias, mas de viver convicções. São estas que mudam as práticas e estas transformam as relações sociais.

As idéias por si mesmas não mudam a realidade concreta. Nem a história faz-se por si mesma. A história é conservada, reformada ou transformada na medida em que existem atores sociais empenhados nela como militantes e lutadores, numa ou noutra direção. Por isso são importantes as místicas que galvanizam os movimentos sociais.

Demos um exemplo para ilustrar a vinculação entre mística e militância, tirado dos muitos centros de defesa e promoção dos direitos humanos, tão importantes na América Latina devido ao nível estrutural das opressões. Tais centros, muitos deles vigiados, caluniados e perseguidos, vivem da crença inarredável na dignidade de cada pessoa humana, antes de qualquer definição como patrão ou operário, negro discriminado ou branco opressor, mulher reprimida ou homem machista, assaltante de banco ou banqueiro.

Cada ser humano, homem ou mulher, jovem ou adulto, é sujeito de direitos inalienáveis. Todos, por sua participação, podem e devem ser construtores de seu destino pessoal e coletivo. É nisso que se revela a essência da natureza humana, que é liberdade e criatividade.

Quando a liberdade é negada ou se impede a criatividade – seja participando na sociedade, seja tomando iniciativas no âmbito do privado ou do público –, impõe-se ao ser humano uma profunda frustração. Nada poderá substituir a liberdade e a criatividade. Nem o bem-estar material, nem a profusão de bens culturais e as promessas de vida eterna. O ser humano prefere perder o pão a perder a liberdade. O pão comido na opressão tolerada é amargo e desonroso.

A militância, fruto da paixão e da mística, ganha força quando feita em contato direto com as vítimas das violações dos direitos fundamentais. Então se percebe claramente que a militância tem muito mais a ver com pessoas concretas do que com idéias e ideais. Em suas vidas destroçadas e em seus rostos vincados pelo sofrimento percebe-se também uma dignidade escondida, um vigor secreto que nos anima.

Aquilo que a fé nos diz aí se confirma: os humilhados e ofendidos são de fato os continuadores do Servo sofredor Jesus Cristo; como o Crucificado eles também gritam, eles também querem viver e ressuscitar. Nos avanços que conseguem, por meio de seus movimentos e articulações, anunciam-se os sinais da ressurreição que está em curso na história, sempre que a vida justa triunfa sobre os interesses menores.

Deus tem sentido existencial quando é o Deus de todos estes, o Deus do grito, da ternura dos injustiçados, da revolução da ordem iníqua desse éon, da vida nova que deve ser para todos. Servir já neste mundo a esta causa é realizar a verdadeira liturgia, agradável a Deus. Os avanços que alcançamos têm, sim, uma significação social e política, mas também eterna, pois são antecipações do Reino, que começa aqui, mas que possui uma inscrição no mundo de Deus. Já cantava o poeta: "Varredor que varres a rua, tu varres o Reino de Deus." A atividade de varrer é uma como qualquer outra; mas na perspectiva da fé, ela se insere na política de Deus, dá a sua contribuição como limpeza, pois essa política é o seu Reino, o resgate e a libertação integral de sua Criação.

Essa perspectiva mística ajuda a desdramatizar os eventuais fracassos, pois eles nunca são definitivos nem consignam a última palavra na história. Eles se situam dentro da causa maior, já garantida pela ressurreição de Jesus, a causa da vida da dimensão luminosa da história. Ela traz conseqüências também na forma de agir, pois leva a não politizar todas as questões. Tudo é, na verdade, político, mas o político não é tudo, porque a existência humana e a realidade social possuem outras dimensões de subjetividade, gratuidade, festa, humor e jogo que importa também integrar, junto com a política.

7. Como beber do próprio poço

Tudo o que é vivo precisa ser alimentado. Assim também o sentido do mistério e a vivência mística.

Em primeiro lugar, faz-se mister reservar tempo para a contemplação e a meditação. Não pensamos na meditação no sentido convencional que se traduz por atos de recolhimento e de reflexão interiorizada. Referimo-nos fundamentalmente ao cultivo de uma atitude que se orienta na criação e alimentação de um centro pessoal. O centro é construído lentamente no afã de captar todas as nossas energias interiores e sintonizá-las com as experiências e até intimidações que vêm do real. Para quem desenvolveu seu centro, os fatos nunca são meros fatos, pois são mensagens, valores, símbolos que falam à subjetividade. A contemplação se torna, então, um *habitus mentis et cordi* – um hábito da mente e do coração.

Essa contemplação tem por conteúdo a própria vida, o curso da história, a luta dos pobres. Para muitas pessoas, a leitura meditada dos clássicos da contemplação (a leitura das Escrituras, os livros sapienciais, os salmos, *A via de Chuang-Tzu*, o *Tao-te-King*, o *I Ching*, a *Imitação de Cristo*, a *Liberdade de um cristão* de Lutero, o *Meio divino* de Teilhard etc.) ajuda a mergulhar no seu centro. Para outros é o silêncio profundo mediante o qual se vai criando vazio interior até surgir, das profundezas do centro, *insights* que orientam a vida espiritual e melhoram nosso autoconhecimento.

Em segundo lugar é importante a criação de um aparelho de conversa. Em grande parte, nós somos o que é o nosso aparelho de conversa, quer dizer, aquele grupo de pessoas com as quais trocamos idéias, intercambiamos pensamentos, comunicamos experiências e alimentamos os mesmos sonhos e o mesmo projeto fundamental de vida. A importância do aparelho de conversa reside nisso: por ele, isto é, pelas pessoas que o compõem, somos confirmados em nossas convicções, corrigimos nossos equívocos, completamos nossa visão das coisas e sentimos firmeza no que fazemos e somos. O aparelho de conversa não se deve restringir ao lado gratuito ou lúdico da vida: encontrar-se para comer e beber ou apenas divertir-se. Deve incluir as conversas radicais, aquela troca que desce às questões de raiz, onde se jogam destinos e se luta pelo sentido melhor da vida.

Em terceiro lugar, deve haver um lugar explícito para a oração, aquela atitude da alma que se abre diretamente a Deus. Uma coisa é pensar sobre Deus, falar d'Ele e de Seu desígnio. Isso o fazem continuamente a teologia ou o discurso religioso. Outra muito diferente é falar a Deus, abrir-se a Ele, chorar diante d'Ele pela demasiada escuridão da história, encher-se de interrogações – até quando, Senhor, por quê, meu Deus? – sobre tantos dramas das pessoas e dos povos que nos jogam na abissalidade de um propósito divino que nos escapa ou que não sabemos conjugá-lo com a bondade divina, alegrar-se, cantar e – por que não? – dançar diante d'Ele até às lágrimas pela superabundância de sentido, de luz e de satisfação em viver, em saborear o amor, em sentir-se plenificado. Isso é viver uma experiência mística e deixar-se tomar pelo mistério.

A oração nesse sentido nos engrandece, porque continuamente nos tira do centro de nós mesmos e nos centra num absoluto fora de nós, acima de nós e dentro de nós, que se apresenta como uma Alteridade absoluta benfazeja que não podemos domesticar mas que experimentamos, que se entrega em gratuidade e sempre está aí, também quando estamos crucificados em nossos problemas. Essa atitude é muito mais que um ato. Ela cria em nós o ocular mediante o qual conseguimos identificar Deus misturado com todas as coisas.

Em quarto lugar, é fundamental a celebração. Por si, a celebração possui um caráter comunitário. Celebrar, já o dizia Nietzsche, é poder dizer sim e amém a todas as coisas. Na celebração o mundo se transfigura, pois tudo vira símbolo e sacramento. A celebração pressupõe a capacidade de abstração dos conflitos do mundo. Mesmo que eles aí apareçam, aparecem sob a forma do resgate, do grande drama que conhece um fim bom e realizador (é o *felix culpa*) de Santo Agostinho. Na celebração vivemos simbolicamente aquilo que a história nos nega concretamente. Por isso a celebração possui um inegável caráter antecipatório. Nela já cantamos a revolução vitoriosa, já gozamos ritualmente a libertação, já nos sentamos à mesa com Deus tais quais comensais ou filhos e filhas na casa paterna.

Sem a celebração, que vem acompanhada de festa, música, beleza estética, purificação dos corpos e da mente (a festa só é festa quando preparada e esperada), o mistério corre o risco de se transformar numa fórmula e a mística numa evanescente elevação da psique. Na celebração, tudo como que chega à sua culminância e convergência: o interior e o exterior, o sonho e a realidade, o distante e o próximo, o mundo e Deus.

Em quinto lugar, importa viver tempos fortes e referenciais. Para manter o tônus da mística e o vigor do mistério faz-se mister momentos fundadores. É quando nos concentramos maximamente nessa experiência, quando tomamos o tempo para isso, quando escolhemos as circunstâncias, os ambientes e os materiais de provocação e animação (palestras, textos, exercícios de solidão, recolhimento e interiorização). Tais tempos-experiências valem como fontes que alimentam de húmus e seiva os dias áridos da rotina e dos afazeres da vida. A partir de tais faróis e de semelhantes irrupções de vida, podemos manter a memória viva do mistério presente e tantas vezes olvidado em toda a urdidura de nosso tempo.

Por fim, importa levar às comunidades com as quais trabalhamos essa dimensão mística de nossa vida. O povo possui, em geral, uma religião mística, na forma como entende o mundo e os acontecimentos, vendo-os perpassados pela providência divina. Para muitos deles, Deus não é uma categoria das religiões, mas da experiência mais profunda da vida. Não crêem em Deus. Sabem existencialmente que existe, pois se sabem carregados por Ele e sempre em Suas mãos.

Importa haver uma troca de experiência e um mútuo aprendizado, seja valorizando o que as comunidades já fazem nesse campo, seja ajudando-as a incorporar uma nova sensibilidade religiosa expressa em tantos movimentos sociais que incluem e valorizam a dimensão religiosa (as comunidades eclesiais de base, os encontros de oração e de ação, as pastorais sociais das várias Igrejas em torno da problemática dos negros, da terra, dos índios, da moradia, das mulheres, da saúde etc.). Enfim, é sempre enriquecedor aprender com a fé, a esperança, os gestos de solidariedade e verdadeiro amor, a criatividade celebrativa da cultura popular, pois neles vivem e se expressam os amados de Deus, os pobres e marginalizados. São eles que, não raro, guardam como num santuário a chama do Divino, do Sagrado e do Mistério dentro da existência humana, fazendo com que o mais decisivo da história não se debilite e corra o risco de extraviar-se.

Em conclusão, a mística é a própria vida tomada em sua radicalidade e extrema densidade. Cultivada conscientemente, confere à existência um sentido de gravidade, leveza e profundidade. A mística sempre nos leva a transcender todos os limites, a descobrir o outro lado das coisas e a suspeitar de que por detrás das estruturas do real não há o absurdo e o abismo que nos metem medo, mas vigem a ternura, a acolhida, o mistério amoroso que se comunica como alegria de viver, sentido de trabalhar e o sonho benfazejo de um universo de coisas e pessoas confraternizadas entre si e ancoradas fortemente no coração de Deus, que é Pai e Mãe de infinita bondade.

REFERÊNCIAS BIBLIOGRÁFICAS

A. A. Lima, *Tudo é mistério*, Petrópolis, Vozes, 1984.

A. Einstein, *Como vejo o mundo*, Rio de Janeiro, Nova Fronteira, 1981.

Battaglia, Fabris, Florio e Riboldi. *Alle fonti pela spiritualità cristiana*, Assis, Cittadella, 1981.

Chuang-Tzu, *A via de Chuang-Tzu*, Petrópolis, Vozes, 1984.

D. Eribon, *Claude Lévi-Strauss, de perto e de longe*, Rio de Janeiro, Nova Fronteira, 1990.

G. Gutiérrez, *Beber do próprio poço*, Petrópolis, Vozes, 1988.

H. Bergson, *L'énergie spirituelle*, Paris, PUF, 1963, p. 813-974.

_______. *Les deux sources de la morale et de la religion*, Paris, PUF, 1963. p. 980-1.245.

H. J. M. Nouwen, *Viaggio spirituale per l'uomo contemporaneo*, Brescia, Queriniana, 1980.

J. Guitton, *Filosofia della risurrezione. Monadologia. Breve trattato di fenomenologia mistica*, Milão, Paoline, Cinisello Balsamo, 1981.

L. Boff, "O que significam mistério e sacramento", *Revista Eclesiástica Brasileira*, Petrópolis, n. 34, 1974, p. 860-895.

_______. "O que é mística", *in Mestre Eckhart: O livro da Divina Consolação e outros textos seletos*, Petrópolis, Vozes, 1991, p. 11-48.

L. Bouyer, *Introduzione alla vita spirituale*, Roma, Borla, 1978.

M. Weber, "Politik als Beruf". *in Gesammelte Politische Schfriften*, Tübingen, J. C. B. Mohr, 1971, p. 488-497.

P. Bourdieu, *A economia das trocas simbólicas*, São Paulo, Perspectiva, 1974.

P. Davies, *Deus e a nova física*, Lisboa, Edições 70, 1988.

R. D. Laing, *A voz da experiência*, Petrópolis, Vozes, 1988, p. 11-93.

R. Weber, *Diálogos com cientistas e sábios*, São Paulo, Cultrix, 1988.

S. Boaventura, *Itinerário da mente para dentro de Deus*. Traduzido e comentado por Jerônimo Jérkovich. Petrópolis: Vozes, 1965.

T. Chardin, *Le milieu divin*, Paris, Seuil, 1957.

_______. *Ciência e Cristo*, Petrópolis, Vozes, 1974.

Capítulo IX

ESPIRITUALIDADE E SEXUALIDADE: UMA PERSPECTIVA RADICAL

Há duas formas de abordar o tema da espiritualidade e da sexualidade.

A primeira toma os dois termos – espiritualidade e sexualidade – como realidades já constituídas e distintas uma da outra. Busca articulá-las, assinalando os pontos de contato e de diferença específica. Essa diligência não é destituída de sentido, porque nos ajuda a entender um certo tipo de experiência, aquela empírica imediatamente dada na vivência cotidiana: experiência de espiritualidade por um lado e de sexualidade por outro. Essa abordagem pressupõe certa metafísica, vale dizer, certo tipo de objetivação e representação da realidade entendida como um *dado* que está aí sem maiores exigências de esclarecimento.

A segunda forma procura entender a espiritualidade e a sexualidade como *resultado* de um processo vital mais profundo. O fato dado é um feito. As realidades distintas constituem momentos desse processo único mais profundo que se mantém sempre em aberto e, como tal, permanentemente constitui a força latente de todas as cristalizações. Sexualidade e espiritualidade não aparecem como um dado imediato, mas sim como um resultado mediatizado. Não encontram em si mesmas as razões de ser. Elas remetem a dimensões mais profundas. Elas não explicam. Antes, precisam ser explicadas.

Espiritualidade e sexualidade não seriam, porventura, manifestações de uma mesma energia vital que perpassa todo o ser humano e que se historiza exatamente sob a forma de espiritualidade e de sexualidade? Estas seriam, portanto, dimensões de algo que deve ser captado para além delas mesmas, pois a dinâmica delas alude para essa força que as suporta. É essa a pista que queremos privilegiar. Trata-se de uma perspectiva radical.

Na primeira forma de abordagem, o conceito de espiritualidade é relativamente bem-delimitado. É toda a atividade ligada ao espírito, entendido como distinto e até contraposto ao corpo. O ser humano é representado como um composto unitário de corpo-espírito. A espiritualidade trabalha uma das dimensões do humano, a do espírito. Pertencem ao espírito a reflexão, a interiorização e a contemplação. A espiritualidade exige precondições, como o apaziguamento das pulsões corporais, a tranqüilidade dos sentidos e o espaço físico do recolhimento. É importante que o ser humano desenvolva certa "espiritualidade" para manter seu equilíbrio diante da exacerbação dos apelos que a vida cotidiana e, em especial, a nossa cultura provocam aos sentidos corporais.

Analogamente, a sexualidade constitui outro campo conceptualmente distinto e delimitado. Ela constitui a dimensão da afetividade humana que se expressa pela abertura ao outro na forma da intimidade erótica e do intercâmbio genital. Trata-se de uma energia universal que produz tensão e que procura ser descarregada. Certamente, a sexualidade para manter seu nível humano como expressão de comunhão entre os sexos implica também certa "espiritualidade". Por isso não seria difícil estabelecer conexões interessantes entre os dois campos distintos da espiritualidade e da sexualidade. Mas não é o caminho que pretendemos trilhar. Preferimos um encaminhamento menos metafísico e mais processual. Talvez seja mais rico e desafiante, pois procura identificar a raiz comum oculta nesses dois fenômenos.

1. A experiência originária do espírito

Por detrás da palavra *espírito*, oculta-se uma experiência originária que encontramos na arqueologia das grandes religiões e nos primórdios do pensamento filosófico, seja ocidental seja oriental. O espírito não é experimentado como parte do ser humano, mas como uma totalidade vital. Espírito é o nome para dizer a energia e a vitalidade de todas as manifestações humanas. Nesse sentido, espírito não se opõe a corpo – inclui-o. O corpo é sempre vitalizado, portanto, espiritualizado. Espírito opõe-se, sim, à morte. A grande oposição, portanto, não é entre espírito e matéria, ou entre alma e corpo, mas entre vida e morte.

Espiritualidade, nesse sentido, significa viver segundo o espírito, ao sabor da dinâmica da vida. Trata-se de uma existência que se orienta na afirmação da vida, de sua defesa e de sua promoção, vida tomada em sua integralidade, seja em sua exterioridade, como relação para com os outros, para com a sociedade e para com a natureza; seja em sua interioridade, como diálogo com o eu profundo, com o grande ancião que mora dentro de nós (o universo dos arquétipos) mediante a contemplação, a reflexão e a interiorização, numa palavra, mediante a potenciação da subjetividade.

O que faz humana a vida e o que caracteriza o humano do espírito residem na capacidade de relação sem discriminação, de acolhida do outro enquanto diferente, na solidariedade até à identificação com os totalmente outros que são os sofredores e os injustamente penalizados, enfim, no amor desinteressado. A espiritualidade representa um verdadeiro projeto de vida: viver a vida como ternura para com a sua própria vida, afirmar a vida dos outros humanos, em especial daqueles cuja vida é encurtada iniquamente, e de apreciar a vida em todas as suas manifestações cósmicas, desde o primeiro movimento da matéria subatômica que está cheia de energia e de intencionalidade até as formas mais manifestas de vida vegetal e animal. Bem dizia a Escritura judaica: "Escolha a vida e viverás." (Dt 30, 19)

Em oposição à vida está a morte. Não em primeiro lugar a morte como fenômeno biológico de desintegração, mas como aquele modo de ser humano, centrado em si mesmo com exclusão dos outros, como inflação do eu que corta a comunicação com os demais e como espoliação da vida dos outros. Esse projeto não produz vida, mas morte para si como impossibilidade de desabrochamento da existência e, no limite, como produção de morte para os outros. Como se queixava o sábio maia Chilam Balam no princípio da conquista espanhola da América Latina: "Eles [os conquistadores] nos ensinaram o medo, vieram fazer as flores murchar. Para que somente a sua flor vivesse, danificaram e engoliram nossa flor..."

Queremos nos deter um pouco nesse sentido de espírito como vida, pois ele nos abre caminhos para entender em profundidade o que possa ser espiritualidade. O espírito se nos apresenta sob duas faces, na forma de uma interioridade e de uma exterioridade.

Em primeiro lugar, a interioridade. Aqui o espírito emerge como o dinamismo da psique humana. Ele tem uma dimensão profunda inconsciente, arquetípica, instintiva, onírica, consciente, emotiva, intelectiva e volitiva. Trata-se, aqui, de uma energia vital que pode ser atualizada progressivamente ao largo da vida e que se canaliza e assim se realiza nas mais variadas formas do imaginário, da intelecção, da afetividade e da vontade. Essas cristalizações se concentram no eu empírico e podem, até certo grau, ser educadas e controladas. É o campo do esforço pessoal. Tudo converge para nosso eu consciente.

Mas esse eu consciente não representa a última realidade. Ele vem remetido a um eu mais profundo que se situa no nível do inconsciente pessoal e coletivo. Os místicos e os representantes da psicologia do profundo referem-se insistentemente a ele (veja a obra sugestiva do jungiano Léon Bonaventure, *Psicologia e vida mística*). Das profundezas da psique humana emerge uma força, irrompe uma luz e se anuncia um centro vivo e vital que se impõe simplesmente ao eu empírico. Os místicos como Teresa de Ávila chamam a isso *sobrenatural*. Este deve ser entendido corretamente. Ele não vem de fora da psique humana. É sua expressão suprema (e, nesse sentido, pertence ao natural). Ele se chama sobrenatural porque se impõe ao natural que é o eu consciente. O eu consciente é considerado natural porque podemos dispor dele e, de certa forma, criá-lo. Ora, aquela realidade que inunda a vida psíquica provém de algo mais profundo. Ela simplesmente se dá, gratuitamente, sem dependência de nossos esforços. O eu consciente nada pode fazer senão acolhê-la assim como se apresenta, experienciada como gratuidade. Apresenta-se, pois, como sobrenatural.

A irrupção do eu profundo delineia-se como experiência de um centro para o qual tudo converge, consciente e inconsciente, como um sol que atrai todos os planetas psíquicos. Ele se apresenta com as características de absoluto, definitivamente importante, numinoso, fascinante e tremendo. Ora, essas notas são próprias da experiência do sagrado, assim como a fenomenologia das religiões o descreve – em Rudolf Otto, Van der Loew ou Mircea Eliade.

O sagrado não está primeiramente nos objetos, tidos como sagrados. O sagrado é essa dimensão do profundo que confere totalidade e unidade à vida psíquica. Na nossa cultura impregnada pela experiência judaico-cristã (em outras culturas serão outras as referências, como Buda, Atma, Krishna etc.), chamou-se a isso *imago Dei* – a imagem de Deus que brilha no centro de nossa vida interior. Outras vezes é chamado de Cristo. O mestre Eckhart chama-o "centelha da alma" ou "nascimento de Deus na alma". Tudo é atraído a esse centro. Tudo está ligado ao centro.

Se entendermos por religião o esforço de ligar e religar cada pessoa humana ao seu centro divino e sagrado, então todos somos religiosos. Trata-se de uma estrutura da psique humana, um verdadeiro instinto, quer dizer, um comportamento inato, independente da motivação consciente, um impulso para uma centralidade pessoal, que se faz presente com constância e regularidade.

Esse instinto religioso incita a pessoa a assenhorear-se de si mesma, a unificar mundo interior, superior e exterior a partir de um centro vivo e fulgurante. O efeito é uma paz profunda, um sentimento de inarredável integração e de um sentido tão convincente que exorciza todos os medos.

C. G. Jung, numa carta a um teólogo (R. P. G. Frei), de 13 de junho de 1948, escreveu: "Todos os dias agradeço a Deus por ter me permitido experimentar a realidade da Imagem divina em mim... por esse ato de graça, minha vida recebeu significação..."

A *imago Dei*, ou Cristo, e a experiência do centro expressam-se por símbolos poderosos e emergem a partir do cultivo do mundo das significações carregadas de afetividade e sentido. Por isso as celebrações religiosas são tão importantes para o povo. A partir delas ele alimenta o seu centro e refaz as significações profundas que lhe dão sentido de vida. Para cada pessoa humana é decisivo o universo das excelências, aquelas vivências e encontros que assumem caráter simbólico. Elas falam à subjetividade profunda, suscitam a irrupção do centro e nos fazem voltar de tempos em tempos a elas.

A cultura moderna tende a ocupar o ser humano por meio da formidável avalanche de mensagens e solicitações, ou as urgências do cotidiano impõem-se de forma tão avassaladora que obstaculizam o mergulho no centro. Entretanto, o que mais bloqueia a emergência do centro é a injustiça nas relações pessoais e sociais. A relação injusta é duplamente desumana: obriga o opressor a reprimir-se, a esquecer que o outro é semelhante a ele, portanto, a desumanizar-se (perder o seu centro). Somente assim consegue reificar o outro e violá-lo. O oprimido objetivamente vê-se desumanizado (o centro é impedido de se irradiar) pela violência que sofre em termos de negação de seu direito à vida, representado pelo alimento, pela moradia, pela educação e pela dignidade reconhecida. O não-cultivo do sagrado interior leva a violar o sagrado exterior, vale dizer, as pessoas. E a sistemática violência do sagrado das pessoas danifica o caminho para o sagrado da interioridade humana. A vontade de libertação social e política abre-se para a libertação interior, e vice-versa. A libertação interior articula-se com a libertação social e política. Na verdade, trata-se de um só processo de libertação. Para que seja integral, é preciso articular a interioridade com a exterioridade.

Esse instinto religioso profundo e essa integração potencial constituem uma realidade como qualquer outra da psique – apenas mais radical. Por isso ela não significa o luxo de alguns privilegiados, mas a força que empurra e o ímã que atrai todas as potencialidades de cada pessoa, por mais humilde que seja.

Viver essa riqueza da interioridade humana como busca e como cultivo (cultura) do centro pessoal é o que quer dizer *espiritualidade*. Importa enfatizar a natureza dessa experiência. Ela não é apenas intelectual. Nem é o resultado somente do esforço consciente de uma adesão religiosa, expressa numa doutrina ou num dogma. Antes pelo contrário: as objetivações religiosas podem significar um empecilho formidável, quando, em vez de expressar a experiência do sagrado, pretendem substituí-la. Elas podem atravancar a experiência do *sobrenatural*, que *ad-vém*, *sobre-vém* e *con-vém* ao nosso dinamismo profundo.

A natureza da experiência do centro caracteriza-se pelo encontro do eu consigo mesmo, do eu consciente com o eu profundo. Aparece como aquele diálogo (que vai para além das palavras) entre a totalidade da minha interioridade com a totalidade de minha exterioridade. É a experiência da vida em sua densidade, leveza e gravidade. É uma paz e uma serenidade que, efetivamente, as técnicas não podem dar. É a experiência da vida eterna no tempo ou do tempo pleno, em cada ponto. Essa experiência é a fonte secreta da vida espiritual. Isso é espiritualidade.

Em segundo lugar, há o espírito no modo de exterioridade. Não se trata de outro espírito, mas de outra face do espírito. Na figura de Santa Teresa de Ávila, trata-se do castelo visto a partir de fora, já que pode ser visto também a partir de dentro, como acabamos de considerar. O que é o espírito em sua exterioridade e, assim, a outra dimensão da espiritualidade?

O que encontra o espírito quando se volta à realidade ao seu redor? Encontra uma realidade profundamente contraditória. Por um lado, a convivência das pessoas, um acordo com a natureza, relações sociais que permitem a vida digna e prazerosa. Aqui a espiritualidade é viver, participar e comungar dos ritmos de vida e de equilíbrio que se dão.

Por outro, o espírito topa também com a ruptura da sociabilidade, com a divisão de classes, com as manifestações de morte. A unidade interior é negada no exterior. Como se dá aqui a espiritualidade? Primeiramente, como reação. A reação do espírito é por um lado de iracúndia sagrada contra a perversidade e, por outro, de misericórdia para com as vítimas.

Protesto e misericórdia dão origem a uma vontade de mudança que procura libertar a realidade. Elabora-se, assim, uma espiritualidade de libertação e mudança. Então aparece a espiritualidade como vontade de construção da relação justa, como busca de um processo de hominização que propicie ao ser humano expressar sua liberdade e gozar de sua identidade. Mas tudo isso é fruto de uma caminhada que une interioridade e exterioridade. No capítulo anterior denominávamos isso de mística.

Figura exemplar dessa união encontramos, historicamente, entre outros, no reformador e revolucionário popular alemão Thomas Müntzer (1490-1525), na época da Reforma. Lutero havia colocado em lugar da autoridade do papa a autoridade da Bíblia. Müntzer, que vem da mística alemã (conhecia o mestre Eckhart, Suso e Teuler), coloca a centralidade na experiência da fé enquanto encontro vivo com Deus, que fala em especial pelas misérias deste mundo. Para ele, a prática da autotransformação deve estar unida à prática da transformação da miséria. A união desses dois desafios constitui, para Müntzer, a verdadeira mística e a autêntica espiritualidade. Na medida em que se produz a união exterior, com a transformação da realidade de ruim para boa, nessa medida se dá também a união interior e se é um homem/mulher espiritual. Essa é uma intuição de grandes conseqüências espirituais e será sempre de novo retomada, também no interior da assim chamada teologia da libertação, que busca articular fé com ação política, e mística com libertação.

Mas sejamos realistas. A realidade histórico-social possui caráter estrutural. As alienações possuem longa duração. Não menor será o processo de libertação. Deverá o ser humano ficar então para sempre na alienação de sua busca fundamental? Na verdade não é assim.

A prática possui uma dimensão simbólica. O ser humano elabora a celebração da vida e da luta, no âmbito do secular, do familiar e do religioso. Nesse universo simbólico experimenta, como que de forma antecipada, o fim da história. Vive sob as espécies do símbolo a unidade a ser ainda construída. Por isso o universo simbólico é de fundamental importância para a integração da psique. Ele inaugura simbolicamente a sociedade nova, o novo céu e a nova terra, o homem e a mulher novos, sacramentalmente presentes, por um momento, entre nós. A espiritualidade se nutre do vasto mundo simbólico e se expressa comumente por símbolos. Poderíamos dizer que à medida que criamos o universo simbólico, nos tornamos espirituais, e vice-versa. Sem essa linguagem, o espírito mirra e se torna estéril. No símbolo ele extravasa seu desejo, realiza-o, de certa forma, e estabelece as bases para a esperança que vai realimentar o desejo e o sonho.

2. A experiência originária da sexualidade

O mesmo procedimento hermenêutico que aplicamos à categoria *espírito* haveremos de aplicar àquela da *sexualidade*. Consideremos os distintos níveis da sexualidade.

Constatamos, primeiramente, a dimensão biológica da sexualidade. Empiricamente, aparecem o *sexo genético-celular* (o equipamento cromossomático do homem e da mulher), o *sexo genital-gonadal* (órgãos sexuais específicos do homem e da mulher; o ovário para a mulher e os testículos para o homem) e o *sexo hormonal* (androgênio para o homem e estrogênio para a mulher).

Mas verificamos também o sexo antropológico (o homem e a mulher concretos e, enquanto tais, como sexualmente distintos e relacionados), que nós chamaremos também de *sexo ontológico*. Trata-se da sexualidade como um modo de ser (por isso *ontológico* = que se relaciona com o ser e não com a nossa interpretação do ser), pervadindo todas as manifestações do humano. Tudo o que o homem e a mulher fazem, fazem-no na condição de mulher e homem.

Portanto, o sexo não é algo que o ser humano tem, mas algo que ele é de forma própria e irredutível. Essa sexualidade ontológica realiza-se no feminino e no masculino que se encontram em cada ser humano, homem e mulher. A sexualidade entra na definição do ser humano. Ora, omitindo longas mediações, o ser humano, por mais que o submetamos a um procedimento analítico, se nos escapa numa abertura para o mistério sempre conhecido e sempre por conhecer. O que seria então a sexualidade no mistério do humano?

Tudo indica que ela não é, em seu fundo, decifrável pela racionalidade humana nem totalmente domesticável por um projeto ético ou por qualquer disciplina de controle ou sublimação. Dela nos falam os mitos e os grandes símbolos. São eles que nos dão um acesso mais abrangente à sua realidade.

A *sexualidade ontológica* é, pois, uma sexualidade radical. Ela estaria por trás de todas as formas de manifestação da sexualidade. Essa sexualidade é chamada *radical* porque está na raiz do ser humano entendido como microcosmo. Se está nele como microcosmo é indício seguro de que está igualmente no macrocosmo. É a energia básica da vida humana e também de toda a vida e movimento do Universo.

Simbolicamente, ela vem representada transculturalmente pela serpente e pelo dragão (a serpente alada). Pierre Weil mostrou o leque de significações da serpente ou do dragão como símbolos arcaicos da energia vital (cf. *Mística do sexo*, p. 68-98). A mais primitiva talvez seja a serpente *Uroboros* em suas várias manifestações, seja formando um círculo (a boca comendo a própria cauda, simbolizando a unidade entre consciente e inconsciente, entre masculino e feminino, entre eu e mundo), seja distendida, aparecendo a cabeça e a cauda (a primeira divisão no ser humano, entre inconsciente e consciente, entre mito e racionalidade, entre homem e mulher, entre céu e terra etc. Conferir a obra clássica de E. Neumann, *Die grosse Mutter*, p. 203-207). Esta foi vulgarizada na simbologia moderna médica na figura das duas serpentes enroscadas num bastão alado, representando a árvore da vida.

Essa serpente (sexualidade universal) está dentro do ser humano, como o soube representar bem a velha sabedoria indiana do ioga tântrico. Essa energia chama-se *Kundalini* (ou *Parakundalini*), que em sânscrito quer dizer "energia da serpente". Ela vem representada por uma serpente enrolada na base de nossa coluna vertebral. Ela está aí como que dormindo. E pode ser despertada.

Sua irrupção poderá ser bem-aventurada ou trágica. Trata-se do despertar da energia cósmica que está no todo e que ganha forma humana em nós. Ela subirá pelo organismo, enroscando-se em volta da coluna vertebral, até irromper no alto da cabeça. O desafio do ioga é despertar a força da Kundalini, controlar sua irrupção, lograr a conjugação entre a energia cósmica e a energia pessoal, e, assim, penetrar no reino da liberdade e da consciência de totalidade (nirvana).

Uma vez despertada, a Kundalini faz sua caminhada de ascensão, que significa os distintos graus de consciência e de integração com a totalidade da realidade. Ela passa, despertando, os vários centros energéticos do ser humano. O ioga chama isso de chackras (centros) ou lótus.

O primeiro chackra se situa no *plexo pélvico* (sacro), onde se situa o comando dos órgãos sexuais. Aqui a energia cósmica se manifesta como apetite sexual. Significa vida como entusiasmo e expansão. Caso ela fique apenas nesse chackra e não prossiga no seu curso ascendente, pode criar dependências e obsessões que desumanizam.

O segundo chackra se situa no *centro abdominal* (plexo hipogástrico), de onde se comandam a reprodução e a excreção. Implica um nível mais alto de vida, no qual a sexualidade é orientada por um projeto humano gerador de vida e elevação.

O terceiro chackra se localiza no *centro umbilical* (plexo epigástrico ou solar). Aqui se dá uma ligação especial com a energia cósmica que se conecta umbilicalmente com o ser humano. Por isso é também a sede da nutrição e da vida.

O quarto chackra se situa no *plexo cardíaco*, que comanda o sistema vascular. Em nível de consciência, significa o princípio do *Self* e do processo de individuação (criação do centro pessoal).

O quinto chackra se encontra no *plexo cervical*, que comanda o sistema respiratório. Pela respiração recebemos e devolvemos a energia cósmica, nos inserimos no processo vital do universo.

O sexto chackra se situa entre os dois olhos. É a *medula alongada*, que comanda o sistema nervoso reflexo. Aqui aparece o terceiro olho, ou o olho do conhecimento da totalidade.

Por fim, o sétimo chackra se situa no *centro craniano* onde se encontra a glândula pineal, a partir de onde se comanda o sistema nervoso cerebral e volitivo. Aqui a Kundalini alcança o nirvana, quer dizer, a iluminação libertadora. Acontece a integração com o todo. Sentimo-nos parte de um todo e o todo experimentado na parte que somos nós.

Toda essa caminhada de ascensão significa a manifestação da única e mesma energia vital. Antes chamávamos isso de espírito. Aqui chamamos de sexualidade, no sentido radical. É a *Prana* ou *Kundalini*, na tradição do ioga.

Retomando, em termos de sexualidade: a dinâmica sexual humana implica um processo de ascensão e universalização. A relação sexual começa pelo seu lado instintivo, de descarga de uma tensão e de busca prazerosa do encontro (os três primeiros chakras). Em seguida, para obedecer à dinâmica interna e expandir-se, o ser humano precisa experimentar uma relação de gratuidade, de amor (chackra do coração) e de uma troca enriquecedora (chackra cervical, dos pulmões). Depois, implica uma experiência de conhecimento em profundidade, como resultado da comunhão (chackra da cabeça, do terceiro olho). Por fim, a sexualidade transporta as pessoas para a transfiguração, para a experiência de integração com o todo, numa imensa fusão cósmica (chackra da glândula pineal).

Todo esse processo é um único movimento de ascensão e manifestação da vitalidade. Muitas vezes, para conseguir essa integração, precisa-se de um controle severo do sexo como instinto. Não se trata de repressão, mas de um esforço por mantê-lo no seu limite e na sua relação com as outras expressões da energia cósmica. Somente passando por ele e não ficando nele é que se alcança a transcendência do amor e o êxtase da totalidade. Como se depreende, trata-se de uma verdadeira experiência radical do que significa vida, e, portanto, do espírito, como o compreendíamos anteriormente.

A expressão simbólica dessa energia radical – como já assinalávamos – é a serpente, bem representada pela divindade Bais Panteu, dos egípcios, cujo exemplar é conservado no Museu do Louvre e bem analisado por Pierre Weil (*Mística do sexo*, p. 88-95). Lá aparece a divindade de pênis ereto, tendo aos pés a serpente Uroboros e cabeças de serpentes saindo pelos pés, pelos joelhos, ao redor da cabeça e uma pela glândula pineal. É uma representação plástica do que significa a Kundalini em suas várias manifestações na realidade humana: o homem/a mulher tomados pela serpente, pela sexualidade radical, cheios do espírito, plenos de vida.

Essa energia cósmica não se deixa captar apenas no ser humano. Ela se dá em todas as formas de vida, manifesta-se como irradiação em cada elemento da criação, no movimento da própria matéria e na complexidade da matéria-energia subatômicos. A reação no ser humano, diante da Kundalini universal, é a admiração, a atração pelos seres, o entusiasmo e o fascínio de sentir-se mergulhado como que no útero universal, no qual todas as coisas são acolhidas.

Na tradição cristã – como enfatizado alhures neste livro – há uma categoria que interpreta a vitalidade humana e cósmica: é o Espírito Santo. Na teologia latina, o Espírito foi quase esquecido em razão de uma compreensão entificada da divindade (Deus como ser supremo, o Espírito como terceira pessoa da Trindade), e não como energia e relação. A tradição ortodoxa pensa a realidade fundamentalmente como vida, energia e relação.

Aqui tem cabida o Espírito Santo, pois ele significa, por excelência, a relação, a vida, a criatividade e o inaugurador do novo Céu e da nova Terra. O Espírito pairava sobre o caos primitivo (Gn 1, 1). Foi ele que criou a ordem, ele que irrompe em tudo, se move, se comunica e ascende, que se manifesta nos profetas e em todas as fraturas que permitem a emergência do novo e ainda não ensaiado. O credo cristão diz que o Espírito é "doador de vida".

Os teólogos da Igreja ortodoxa (em especial Gregório Palamas, 1296-1359) distinguem a personalidade do Espírito de suas energias. Estas dão conta da ação do Espírito na Criação, nos elementos naturais, principalmente nos processos vitais. Assim como o Filho se encarna, o Espírito inabita a Criação. Pelo Espírito, Deus é imanente ao mundo e o transforma em transparente à divina realidade. "Nele vivemos, nos movemos e somos", disse com acerto Paulo, falando aos gregos na ágora ateniense (At 17, 28).

Na perspectiva apresentada por nós anteriormente, podemos dizer que o Espírito e suas energias penetram o ser humano, se desdobram nas várias manifestações da energia vital e espiritualizam o ser humano. Somente assim a retórica cristã do ser humano como templo do Espírito (1 Cor 3, 16; 6, 19) ganha consistência.

Espiritualidade significa, nesse contexto, a capacidade de experimentar o Espírito Santo em toda a energia cósmica, na energia vital, em suas várias formas até a iluminação integradora. Não se trata apenas da ativação de um chackra, aquele ligado aos órgãos genitais, ou de alguma energia do espírito, mas sim de toda a força interior para que ela vitalize todo o ser humano até a sua comunhão plena com a energia cósmica radical, com o Espírito Santo, aquele princípio que sustenta todos os seres em sua relacionalidade, fazendo com que, como no-lo ensinam os físicos atômicos, todos (mesmo as partículas elementares subatômicas) existam nos outros, para os outros, com os outros, numa rede universal de relações. Espiritualidade consiste em sintonizar com o Espírito que está em tudo e por tudo, viver o entusiasmo (em grego, *en-theós-mos* significa "possuir um deus dentro") que esta sintonia provoca e deixar-se tomar por aquilo que passa por nós e é maior do que nós.

3. O encontro entre sexualidade e espiritualidade

Como dissemos no início, em uma perspectiva radical, espiritualidade e sexualidade são nomes para um mesmo fenômeno. Trata-se de manifestações de uma mesma energia que perpassa o ser humano.

Logicamente, poderíamos fazer agora o discurso da diferença e da singularidade: por que dizemos que isso é espiritualidade e aquilo é sexualidade. E também importa proceder a essa diferenciação para não homogeneizarmos o real. Entretanto, preferimos nos deter nessa identidade que se dá na diferença. Sem essa identidade que subjaz a ambas as diferenças ficamos no senso comum, naquilo que já sabíamos, com o risco de cair, como acenamos no início, na metafísica das ciências descritivas e analíticas. Hoje, mais do que nunca, na perspectiva da experiência global e unitária, importa resgatar a referência comum contra toda a segmentação do discurso científico. E então aportamos na dimensão da nossa radicalidade e a do cosmos: a energia vital.

Essa energia é força de comunicação, de comunhão e de ascensão em todas as direções. Ela leva o ser humano permanentemente para uma experiência de transcendência, vale dizer, de superação de seu limite e de imersão em algo distinto, que o expande em sua humanidade até a implosão na totalidade cósmica. Essa energia leva-nos a não excluir nada, nos abre a uma comunhão com tudo o que nos cerca (pessoas, natureza, cosmos) e com a Alteridade absoluta que é o Sagrado, a divindade, Deus. Sexualidade e espiritualidade são as duas faces dessa energia radical (o Espírito e suas energias, Kundalini).

O desafio que devemos enfrentar é o da integração. A questão não se resume ao que fazemos com a nossa sexualidade-genitalidade, como instinto – tão explorada pela mídia de nossa cultura, cortando sua dinâmica de afetividade, de contemplação e de êxtase no todo. Mas o que fazemos com nossa energia vital, com os chamados de nosso centro, de nosso impulso de ascensão, com os apelos do Espírito? Humanizar-se significa dar acolhida e audiência a essa energia. Espiritualidade, então, realiza-se em tudo o que fazemos e somos, na medida em que somos totalmente o que fazemos e queremos ser.

Dizia Santa Teresa de Ávila que ser espiritual significa ser inteiro: "Cuando gallinas, gallinas, cuando ayuno, ayuno." Quer dizer, quando se trata de comer galinhas, comamos galinhas com todo o prazer; quando importa jejuar, jejuemos com toda a seriedade. Ser espiritual significa fazer plena e inteiramente o que fazemos, seja aquilo que empiricamente é considerado material (comer galinhas), seja o que reputamos ser espiritual (jejuar). Então estaremos em sintonia com o chamado de toda a realidade, estaremos plenos do Espírito, a força cósmica que tudo unifica e tudo faz convergir para a frente e para cima.

REFERÊNCIAS BIBLIOGRÁFICAS

A. Jeannière, *Antropologia sexual*, São Paulo, Herder, 1965.

A. Valsecchi, *Nuove vie dell'etica sessuale*, Brescia, Queriniana, 1972.

E. Metzke, "Anthropologie des sexes", Lyon, Lumière et Vie, n. 43, 1959, p. 27-52.

E. Neumann, *Die grosse Mutter*, Zurique, Rhein Verlag, 1956.

F. Alberoni, *O erotismo*, Rio de Janeiro, Rocco, 1990.

F. R. Dumas, *O ovo cósmico – O simbolismo da gênese universal*, São Paulo, Pensamento, 1989.

G. Krishna, *Kundalini.* Erweckung der geistigen Kraft im Menschen, Berna, Otto Wilhelm Barth Verlag, 1988.

H. Motoyama, *Teoria dos chakras*, São Paulo, Pensamento, 1988.

L. Bonaventure, *Psicologia e mística*, Petrópolis, Vozes, 1975.

M. C. Jacobelle, *Risus paschalis e il fondamento teologico del piacere sessuale*, Brescia, Queriniana, 1990.

M. Mead, *Sexo e temperamento*, São Paulo, Perspectiva, 1969.

P. Ricoeur, *Problematica della sessualità*, Torino, Borla, 1966.

P. Weil, *Mística do sexo*. Belo Horizonte, Itatiaia, 1976.

R. Haugton, *A liberdade da mulher*, Petrópolis, Vozes, 1990.

R. M. Muraro, *Sexualidade, libertação e fé*, Petrópolis, Vozes, 1985.

S. Acquaviva, *In principio era il corpo*, Roma, Borla, 1983.

Vários autores, Esprit. *Dictionnaire biblique*, Gerhard Kittel, Genebra, Éditions Labor et Fides, 1971.

W. Reich, *A revolução sexual*, Rio de Janeiro, Zahar, 1979.

X. Lacroix, *Le corps de chair*, Paris, Ed. du Cerf, 1992.

CONCLUSÃO: O POVO GRÁVIDO DE JESUS CRISTO

Jesus nasceu fora do convívio humano, longe de casa, entre animais, numa manjedoura "porque não havia para ele lugar na estalagem" (Lc 2, 7). Desde o início está definida a sua missão: estar do lado dos "sem-lugar" e identificar-se com os excluídos. Ontem, como hoje, estes constituem sempre as grandes maiorias. Todos eles têm este privilégio: pouco importa sua situação moral, eles carregam Jesus Cristo. Eles são a manjedoura onde Ele repousa. Do ventre dos pobres continua nascendo o libertador do mundo. Eles possuem mil rostos.

Em nosso país, são milhões de crianças abandonadas, tantas quantas é toda a população da América Central. São os mutilados para sempre por causa da fome. São os excepcionais relegados nos fundos das casas ou reclusos em hospitais psiquiátricos. São os sofredores de rua, pivetes que sobrevivem com pequenos furtos. São meninas que se prostituem para poder ajudar em casa. São milhares de mulheres que encontram fechadas as portas do trabalho; só uma a sociedade lhes abre escancaradamente: a da prostituição. São os mais de quarenta milhões de negros que carregam em seu corpo o estigma da discriminação. São os sobreviventes indígenas expulsos de suas reservas. São os milhares de milhares de sem-terra que, como

Abraão, estão neste país em busca de uma terra para trabalhar. São os bóias-frias, combustível barato para a máquina capitalista. São os operários empobrecidos, que se julgam ainda privilegiados por ser explorados dentro do sistema do lucro a preço de uma carteira de trabalho e os parcos benefícios da previdência social.

São todos esses pobres e miseráveis de nossa gente, considerados zeros econômicos, os humilhados e ofendidos de nossa história, os esquecidos de nossa memória nacional, esses que para este século não são, são para Deus. São os amados do Pai porque ele é o Deus do grito, o Deus que desce para escutar melhor o clamor que sobe da Terra e decide libertar os oprimidos.

Todos esses irmãos e irmãs mais pequeninos gritam: "Quero viver! Quero ser pessoa! Não somos também filhos e filhas de Deus? Até quando, Senhor, até quando nos fazes esperar a tua vinda e, com ela, a tua justiça, a tua ternura, a tua paz?"

Na Encarnação, Deus deixa sua luz inacessível e penetra esta treva desumana. Ele assume, ou melhor, identifica-se com todos esses oprimidos. Ele lhes diz: "Estes são meus filhos e filhas muito amados. Eu quero ser para vós todos Emanuel, o Deus convosco. Eu vos enxugarei todas as lágrimas dos olhos. Eu serei vossa vida e vosso direito. Meu nome é Jesus, Deus-libertador."

Deus só é plenamente Deus quando é o Deus dos excluídos. E ele nasce para nós e em todo momento quando, imitando Deus, incluímos em nossa vida e em nossas lutas todos os excluídos. Só então a aparição de Deus na carne "será uma alegria para todo o povo" (Lc 2, 10).

Irmãos e irmãs, olhemos para nossos morros, para nossas ruas, para nossas favelas, para nossos pobres. Olhemos fundo: eles estão grávidos de Jesus Cristo. Ele quer nascer de novo em tua opção pelos oprimidos, em tua luta pela libertação, em tua incorporação na causa, nas lutas e na vida do povo.

De nada vale Jesus nascer em Belém
Se não nascer em ti de novo.
Não o busques além
Faça-o nascer do povo!

OBRAS DO AUTOR

Jesus Cristo libertador. Petrópolis, Vozes.

A nossa ressurreição na morte. Petrópolis, Vozes.

Vida para além da morte. Petrópolis, Vozes.

O destino do homem e do mundo. Petrópolis, Vozes.

Os sacramentos da vida e a vida dos sacramentos. Petrópolis, Vozes.

A graça e experiência humana. Petrópolis, Vozes.

Teologia da libertação e do cativeiro. Petrópolis, Vozes.

Natal: a humanidade e a jovialidade de nosso Deus. Petrópolis, Vozes.

Paixão de Cristo – Paixão do mundo. Petrópolis, Vozes.

O rosto materno de Deus. Petrópolis, Vozes.

O Pai-Nosso. A oração da libertação integral. Petrópolis, Vozes.

A Ave Maria. O feminino e o Espírito Santo. Petrópolis, Vozes.

Francisco de Assis – ternura e vigor. Petrópolis, Vozes.

A trindade, a sociedade e a libertação. Petrópolis, Vozes.

O caminhar da Igreja com os oprimidos. Petrópolis, Vozes.

A Santíssima Trindade é a melhor comunidade. Petrópolis, Vozes.

Francisco de Assis: o homem do paraíso. Petrópolis, Vozes.

A águia e a galinha: uma metáfora da condição humana. Petrópolis, Vozes.

O despertar da águia: o dia-bólico e o sim-bólico na construção da realidade. Petrópolis, Vozes.

Saber cuidar. Ética do humano – compaixão pela terra. Petrópolis, Vozes.

Depois de 500 anos: que Brasil queremos. Petrópolis, Vozes.

Ética e moral: a busca dos fundamentos. Petrópolis, Vozes.

A hospitalidade: direito e dever de todos, coleção Virtudes para um outro mundo possível, vol. I, Petrópolis, Vozes.

Convivência, respeito, tolerância, coleção Virtudes para um outro mundo possível, vol. II, Petrópolis, Vozes.

A comensalidade: comer e beber juntos e viver em paz, coleção Virtudes para um outro mundo possível, vol. III, Petrópolis, Vozes.

Experimentar Deus: a transparência de todas as coisas. Campinas, Verus.

Crise: oportunidade de crescimento. Campinas, Verus.

Via-Sacra para quem quer viver. Campinas, Verus.

A cruz nossa de cada dia: fonte de vida e ressurreição. Campinas, Verus.

Ética e eco-espiritualidade. Campinas, Verus.

Novas formas da Igreja: o futuro de um povo a caminho. Campinas, Verus.

São José: a personificação do Pai. Campinas, Verus.

Brasa sob cinzas. Rio de Janeiro, Record.

Igreja: carisma e poder. Rio de Janeiro, Record. Edição ampliada com a documentação.

CO-AUTORIA

Como fazer Teologia da Libertação? (com Clodovis Boff) Petrópolis, Vozes.

Mística e espiritualidade (com Frei Betto). Rio, Garamond.

Espírito na saúde (com Jean-Yves Leloup, PierreWeil, Roberto Crema). Petrópolis, Vozes.

Os terapeutas do deserto. De Filon de Alexandria e Francisco de Assis a Graf Dürckheim (com Jean-Yves Leloup). Petrópolis, Vozes.

Princípio de compaixão e cuidado (com Werner Müller). Petrópolis, Vozes.

Globalização: desafios socioeconômicos, éticos e educativos (com Marcos Arruda). Petrópolis, Vozes.

Terra América: imagens (com Miranda, Marco Antonio). Rio de Janeiro, Sextante.

Masculino, feminino: experiências vividas (com Lúcia Ribeiro). Rio de Janeiro, Record.

INFANTO-JUVENIS

O casamento entre o céu e a terra. Contos dos povos indígenas do Brasil. Rio de Janeiro, Salamandra.

O ovo da esperança: o sentido da festa da Páscoa. Rio de Janeiro, Mar de Idéias.

O sol da esperança. Natal: histórias, poesias e símbolos. Rio de Janeiro, Mar de idéias.

Este livro foi composto na tipologia Rotis Serif,
em corpo 11/15,6, e impresso em papel off-white 80g/m²
pelo Sistema Cameron da Distribuidora Record
de Serviços de Imprensa S. A.